UNREAD

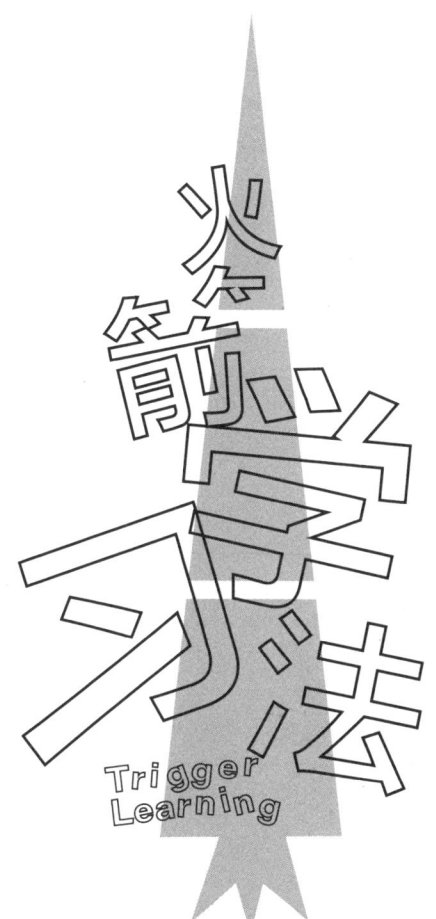

火箭学习法

陆丽萍 冷佳萍 著

北京联合出版公司
Beijing United Publishing Co.,Ltd.

火箭学习法

陆丽萍 冷佳萍 著

图书在版编目(CIP)数据

火箭学习法 / 陆丽萍, 冷佳萍著. -- 北京 : 北京联合出版公司, 2023.6
ISBN 978-7-5596-6915-5

Ⅰ. ①火… Ⅱ. ①陆… ②冷… Ⅲ. ①中小学生－学习方法 Ⅳ. ①G632.46

中国国家版本馆CIP数据核字(2023)第086958号

出品人	赵红仕
选题策划	联合天际·社科人文工作室
责任编辑	夏应鹏
特约编辑	宫 璇
美术编辑	程 阁
封面设计	吾然设计工作室

出 版	北京联合出版公司 北京市西城区德外大街83号楼9层 100088
发 行	未读(天津)文化传媒有限公司
印 刷	北京联兴盛业印刷股份有限公司
经 销	新华书店
字 数	118千字
开 本	880毫米×1230毫米 1/32 6.75印张
版 次	2023年6月第1版 2023年6月第1次印刷
ISBN	978-7-5596-6915-5
定 价	58.00元

关注未读好书

客服咨询

本书若有质量问题,请与本公司图书销售中心联系调换
电话:(010)52435752

未经许可,不得以任何方式复制或抄袭本书部分或全部内容
版权所有,侵权必究

谨以此书

献给我们教育圆梦的地方——中国人民大学附属中学!

学习力是最核心的竞争力。陆丽萍老师在人大附中执教多年，将十几年的理论学习和教育实践结合起来，进行了培养学生学习力的积极探索。翻开这本面向家长的学习科普书，或许您能从中获取一些启发。

——中国人民大学附属中学校长 刘小惠

这本书是人大附中心理教师陆丽萍博士的力作！这是一本深入浅出、轻快易懂的书，这是一本告诉家长如何帮助孩子有效学习的书，这是一本实用、落地、可操作的书，你完全可以边读边练，边练边学，行动起来，这才是最好的选择。如果你是家长或者学校教师，那么你应该读读这本书，相信你会喜欢它，并从中受益！

——人大附中联合总校常务副校长、人大附中航天城学校校长 周建华

学习讲究科学方法和效率，陆老师从脑科学和心理学的最新研究出发，结合自己十几年来教育教学的实践经验，告诉你学习过程中不同方法的原理，以及哪些方法效果更好、为什么起效。这是一本真正面向大众、指导实践且科学可行的学习方法手册，值得推荐！

——人大附中副校长（主管ICC和早培）高江涛

作为一个科普工作者，我想把这本书推荐给所有学生家长、老师和其他教育工作者。不论你是想提升孩子的学习成绩，还是想培养其良好的学习习惯，这本书都非常值得一读。本书作者依托受国际广泛认可的学习力原理，结合中国孩子的学习特点，打造学习力三级火箭模型，帮助孩子在学习中立习惯、摸规律、知学法，全面提升孩子的学习动力、学习能力、学习毅力。

——人大附中金牌物理教师 李永乐

推荐序

陆丽萍老师是我读博时的师妹,我很高兴为她的家庭教育科普书写推荐序。

陆老师博士毕业之后在人大附中早培班(拔尖创新人才早期培养基地)担任心理教师,希望近距离地研究、教育这些天资聪颖的孩子,并进一步研究拔尖创新人才和常态儿童的教育方法。

这本书凝结了陆老师多年来对学习真相的观察、总结与提炼,而这一切都来自她一线教学的实操教育经验,来自长期与孩子们近距离接触的宝贵实践。她自创"学习力火箭模型"和"学习力三圆模型",帮助父母更加直观地看到孩子学习的系统和过程,从而更加理解孩子在学习中遇到的困难。

过去,很多家长在孩子学习成绩不好时,都喜欢批评、指责孩子,希望通过这样的方式让孩子上进。但事实是,这样做只会让孩子质疑自己的能力,甚至否定自己。解决学习问题的关键往往不在于解决问题行为本身,那样只会治标不治本,父母真正需要做的是弄清楚问题背后的根源。

有时候,我们父母真的应该向医生学习。医生总是专注于研究病人的机体,找出疾病的根源,以便着手进行治疗。父母也应当仔细、耐心地研究孩子学习问题的原因,采取那些能触及孩子心灵并且行之有效的应对措施。

我很高兴看到这本书不仅指出了孩子在学习中可能存在的问题及问题的根源,还针对每种问题贴心地为家长提供了简单易学、具体可行又科学有效的应对方案。

道器并重,鱼渔同授。希望这本书可以帮助家长们找到方法,激发孩子内在的动力和自我教育的能力!希望有更多的家庭能读到这本书,科学有效地开启属于孩子的内在发动机,让更多的孩子学会学习、爱上学习、享受学习。

《父母必读》杂志主编 恽梅

推荐序

作为中国科学院心理研究所的认知心理学教授兼博导,我很高兴看到这样一本由一线教师写成的书能够出版。这本书包含了一线老师对教育的探索和对学习的理解,有其他亲子书无法替代的独特视角。它用人大附中的方法打造超强学习力,助力家长陪孩子有效学习;它有家长群里没有的治"病"良方,能够解决家长们"知道"但"无解"的问题。

从上小学开始,学习就成了孩子们的主导性活动。孩子的学习既是家长普遍关注的话题,也是令他们头疼不已的问题。心理、亲子关系、家庭环境、沟通方式、学习方法都是决定学习效果的关键,且已经成为学习科学的理论共识,但理论化为实践还有很长的一段路要走。作者拥有9年教育心理学理论学习背景,外加11年教学实践和20多年的学生心理咨询经验,可谓理论知识和实践经验兼具,做到了让前沿学习科学理论有效落地，并进一步完善了一线教育。

本书旨在帮助中小学生父母理解、解决孩子学习过程中最常遇到的问题和困惑。本书分为五部分：前言通过学习力模型帮助家长看到学习力培养的必要性和可行性；第一部分至第三部分围绕学习动力、学习能力和学习毅力，即学习力的三个组成部分来谈提升学习力的具体策略和方法，以及实际运用中的注意事项；第四部分侧重介绍学习习惯和学习方法，目的是让学习变得事半功倍。整体来看，本书以问题为导向，用科学理论指导教育实践，内容丰富全面，读起来轻松愉快。

本书让父母助力孩子学习时有了一本目标清晰、有具体指导措施的方法手册，不仅给中小学生家长传递了科学的学习理念，还提供了一套简单、有趣、有用的方法，实现了道术兼修、知行合一，相信每一位父母都会从中受益，从而让更多的孩子受惠，在学习上更加得心应手。

中国科学院心理研究所研究员、博导 黄昌兵

自序

从小，我就爱看《丑小鸭》的童话故事，因为我觉得自己就是那只丑小鸭，像它一样普通甚至平庸。

我五岁时，只有初中学历的爸爸教我认识钟表，可是我怎么也学不会，爸爸最终无奈放弃教我的那个眼神深深刺痛了我，让我再次确认自己就是一只丑小鸭。

我上小学时，妈妈去外地参加了一个关于超常儿童的培训，带回来了一堆培养超常儿童的书。看着那些小小年纪就入读中科大少年班的天才孩子的故事，我暗暗想："他们就是白天鹅吧？他们才会有美好的未来吧？"

从小学到初中，我的成绩其实也还不错，但我知道成绩好其实是因为曾经当过中学老师的妈妈在每个寒暑假提前教会了我下学期的学习内容。

从高中开始，我的成绩大幅下滑，尤其是理科。我曾经总结过原因：一是我妈妈不再有能力辅导我的功课，二是我只是一只蠢笨的丑小鸭。

高三那年，我决定为自己的前途拼一把，在努力奋斗中竟然把高三的暗无天日活成了艳阳高照。我的成绩一路高歌，这种成绩的迅速提升反过来给了我极大的自信：原来我这只丑小鸭也并不是那么蠢笨！高考时我成功逆袭，上了一所211大学——华中师范大学！一时恍惚之下，我感觉这只丑小鸭似乎也没那么丑了！

大学我选择了读心理学，因为我特别想解决心中的困惑："为什么只有我是一只丑小鸭？我怎么才能变成白天鹅？"但是四年时间并没有真正解决我的困惑。很快到了考研的时刻，我看到中科院心理研究所有专门研究超常儿童的硕士培养方向，欣喜之余，我毅然决然地报了名："虽然我不是超常儿童，但是我可以去研究，至少我可以近距离地观察这些白天鹅。"

可惜硕博期间，虽然我一直很努力地在学习、开展科学研究，但我对超常儿童的了解更多还是来自纸面的科研论文。虽然理论知识很丰富，但是关于如何培养超常儿童的实践经验却很不足。于是博士毕业后，我又来到了全国最有名的中学之一——有着超常儿童培养基地（早培班）的中国人民大学附属中学，成了早培班的一名心理老师。面对这些我心目中的白天鹅，我感到无比兴奋，这圆了我一直想要靠近白天鹅的梦想，我全身心地扑在学校，陪伴他们，观察他们，研究他们，也教授他们知识。

他们真的是我小时候羡慕的那种白天鹅：聪明、反应速度快、逻辑推理能力强，很擅长学习，而且兴趣非常广泛，常常涉猎多个领域还都能取得很好的结果。可让我意外的是，我发现他们之中有一些人并不像我想象中的那般快乐，他们也有自己的困惑和苦恼。比如，他们也会认为自己是丑小鸭，羡慕那些更加聪明和优秀的同学；他们同样会因为学不好某些文科科目而苦恼；甚至因为努力了但效果不佳而郁闷……虽然这只是一部分孩子的想法，但我还是为他们感到惋惜。曾几何时，过去的丑小鸭如今竟想要帮助她心里的白天鹅！

九年的教育心理学理论学习、十几年的教育实践探索以及二十多年的心理咨询背景，再加上我曾经相似的彷徨无助的经历，让我在帮助那些超常儿童的道路上走得异常顺利。看到他们在我的辅导之后变得更加自信、更加强大，我突然有种疯狂的想法："也许不只是我，也许世界上绝大多数人都曾经是丑小鸭，如果在成长路上能够得到他们父母、师长、朋友的点拨或者帮助，他们都能成长为白天鹅！"

于是我向学校申请，在教授超常儿童的同时也教授普通学生进行比较研究。我惊喜地发现，那些普通学生的能力其实并不差，甚至还非常有潜力！上课之余，我开始对那些父母眼中的普通孩子进行学业辅导，成效也非常显著！

有一个孩子，本来是当地最差高中的一名差生，但是经过我们的一次长谈后，三年来他的成绩一直都在进步，最终考上了一所著名的985大学，创造了他所在高中的奇迹！

有一名女生，在竞争激烈的重点高中，一直学得相当吃力，成绩也总是徘徊在年级300名左右。几次学业辅导后，她忽然找到了开窍的感觉，几次大考下来，名次不断地大幅提升。前不久她还欣喜地告诉我：这次考到了年级20多名，收到了清华大学夏令营的通知！

…………

这样的案例还有很多。但我在欣喜之余，也深感这种学业辅导的方式速度太慢、效率太低。所以，我想找到志同道合的人一起开发、设计一门面向中小学生的学习力课程。我的同事冷佳萍老师毕业于首都师范大学心理系，硕士方向是脑认知科学。最为重要的是，她也深怀着一颗助人的心！脑的科学使用与人性化的教育方法相结合，我认为这样的学习力课程一定会带给学生更丰富、更科学、更有效的体验！

我们查阅了国内外众多关于学习成绩和学习能力的研究资料后，将参考重点放在国内外应用最为广泛的学习力理论基础上——学习力是把知识资源转化为知识资本的能力，学习力主要包括学习动力、学习毅力和学习能力三个要素。

可是这些要素之间如何关联？要素里具体包含哪些内容？哪些内容对于提升学习力和学习成绩更有效？学习力理论并没有详细说明。这意味着，我们需要对学习力理论进行改良和本土化，在教育实践中找到并训练中国孩子最需要提升的那些方面，以此去提升孩子的学习力。

结合十几年来对中小学生学习过程的观察、访谈和调研，我们创造了适合中国孩子特点的学习力三级火箭模型。

其中，学习动力是学习力三级火箭的启动器，我们可以从激发学习动机、培养学业自我效能感和调动孩子积极情绪三个方面，解决很多孩子不爱学习、不相信自己能学好、情绪低落的问题。

学习能力是提升学习力的发动机，我们可以从知识的注意、保持、理解和应用这四个维度针对注意力、记忆力、思维力、考试力这四个方面提升孩子的学习能力（见图1）。

学习毅力是提升学习力的稳定器，我们可以从自控力、坚毅力、刻意练习这三个方面，培养孩子抵挡诱惑的能力、坚韧不拔的能力以及让努力变得更有效的能力。

在实际授课中我们也发现，虽然学习力可以通过训练得到大幅提升，但是如果不教给孩子那些已经被证实的科学有效的学习方法，就好比冷兵器时代的人拿着长矛和我们现代人的导弹对抗一样，结果只能使用蛮力还效果不佳。所以，我们在

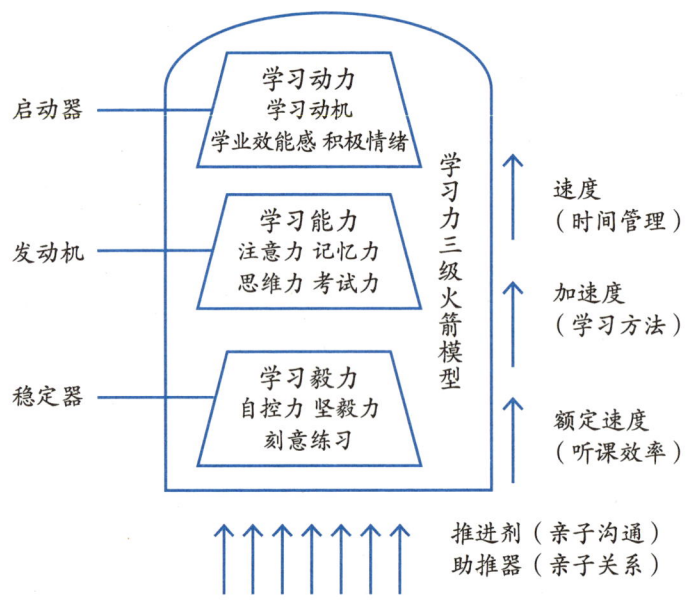

图1 学习力三级火箭模型

学习力三级火箭模型里加入了学习习惯与方法作为火箭的加速方式。

其中,时间管理是火箭的速度,如果善于使用时间,学习力三级火箭会飞得更快。

学习方法是加速度,先进的学习方法能够促进学习力三级火箭更有动力和冲劲。

听课效率是额定速度,也就是学习力三级火箭需要的安全速度,因为课堂是学习的主阵地,如果不会听课,学习力和学习成绩也很难有较大提升。

我想这应该已经基本涵盖了孩子学习的过程。在三年的课程中，我们收获了人大附中众多学生的好评，也收到了一些学生的建议。有的学生说："如果能早点上这样的学习力课程，那我就不至于彷徨和自卑这么多年了！"有的学生说："要是我的家长懂这些，能多鼓励我、多支持我，能教给我一些学习方法，也许我会比现在表现得更好！"这些建议让我想到了多年前爸爸对我无奈的眼神，想到了那只曾经迷茫无助的丑小鸭，想到了妈妈只注重知识讲授却没有重视对我学习力的培养……

于是，我和冷老师决定专门面向家长，写一本提升孩子学习力的书。更确切地说，是家长助力孩子学习的实操手册，专门针对孩子学习中的困难，教给家长科学有效的心理学方法、技能以及方法背后的教育理念，让家长看了就能懂，懂了就会做，做了就有效！

在二十多年的心理辅导经验中，我也发现很多处于青春期的孩子不太能听得进父母的建议，而优秀且快乐的孩子，则常常因为和谐的亲子关系而有着有效的亲子沟通。所以，我们特别把亲子关系作为助推器，把亲子沟通作为推进剂融入我们的学习力三级火箭模型当中。

父母构建起良好的亲子关系，学会有效的亲子沟通，这样才能真正助力孩子的学习和成长，让父母的经验和建议都能够恰到好处地触及孩子的内心。我们真诚地希望，通过我们的努力，那些曾经像我一样自怨自艾、彷徨无助的丑小鸭都能变成阳光、自信的白天鹅！

有趣的是，在清华大学的国培项目里，有一次我给来自全国各地的校长和骨干教师授课时，谈起了自己的丑小鸭经历。课后有好几位老师不解地问我："陆老师，你是名校博士，还是心理学科带头人和心理督学，课也上得这么好，还出版了自己的专著，怎么还会自卑呢？"我恍然发现，我这只丑小鸭已然在努力中悄悄变成了自己曾经百般向往的白天鹅。

无论我们的孩子一开始是多么普通，我都希望他们不放弃自己，希望父母们能够很好地陪伴、理解和支持他们，一起度过暂时的困难和迷茫，迎来光明的未来；期待世上每一只丑小鸭都能逆风翻盘，变成美丽的白天鹅！也衷心希望这本书能够一直陪伴着您和孩子，在他们的成长中给予帮助和指引，一同见证孩子的蜕变！

陆丽萍
2022年11月28日书于中国人民大学附属中学

目录

前言　解码学习力，让普通孩子轻松逆袭　　　　　1

第一部分　学习动力：从"被逼学"到"我想学"

第1章　学习动机：学习让你讨厌吗？　　13
小 测 试　　14
三种方法找到学习理由　　16
四种方法帮孩子建立学习信心　　21
帮孩子增加学习的成就感　　25
提升孩子学习的体验感　　32

第2章　学业自我效能感：让孩子相信自己的力量　　36
小 测 试　　37
记录成就小故事，成就人生大故事　　39
寻找联结点，发挥榜样的力量　　42
挖掘孩子优势，多元评价助成长　　44

第3章　积极情绪：从低落的情绪中重燃学习热情　　50
　　小 测 试　　52
　　情绪易低落时，三种方法积累小幸福　　54
　　常怀感恩，让内心更平和　　59

第二部分　学习能力：能力越练越强大

第4章　注意力：爱走神，学不进去怎么办？　　63
　　小 测 试　　63
　　让孩子乐此不疲的游戏训练法　　65
　　让大脑感觉良好的四种任务管理法　　69
　　保持情绪的稳定，试试神奇的数字5　　75
　　两种方法达成高效休息，提升注意力　　77

第5章　记忆力：记不住、忘得快怎么办？　　80
　　小 测 试　　80
　　把握记忆过程　　82
　　抓住记忆规律　　88
　　记忆情境化　　93

第6章　思维力：扩展思维的宽度和深度　　96
　　小 测 试　　97

| 结构化思维，形成知识的系统 | 99 |
| 发散思维，建立知识的广泛联系 | 103 |

第7章　考试能力：学得好考不好怎么办？　108

小　测　试　108

考前狠抓基础，高效复习　111

第三部分　学习的毅力就是坚定自己，迎难而上

第8章　自控力：抵抗不住诱惑怎么办？　123

小　测　试　123

行动前补给自控力能量　125

行动中逐步提升自控力水平　127

日常生活中培养自控力习惯　129

第9章　坚毅：容易中途放弃怎么办？　132

小　测　试　133

用成长型思维、热情和幸福感提高耐受力　134

善于反思，立即行动　136

主动结交具有坚毅品质的人　137

第10章　刻意练习：很努力却还是学不好，究竟为什么？　138
　　小　测　试　139
　　刻意练习的理念：努力永远大于天赋　140
　　刻意练习的技能　142

第四部分　学习习惯与方法，让学习变得事半功倍

第11章　时间计划：拖拉磨蹭改不了？　149
　　小　测　试　150
　　时间饼图法，让孩子真实地触摸到时间　152
　　SMART目标法，让孩子动起来　156
　　时间四象限法，让时间价值最大化　159
　　番茄工作法　162

第12章　高效听课：学会抓重点才是关键　165
　　小　测　试　165
　　听课前的热身操　167
　　听课中的必备目标　171
　　高效学习的笔记法　174

第13章　找对学习方法，学习才能一剑封喉　　177
    小 测 试　　178
    费曼学习法　　179
    过电影学习法　　182
    三明治学习法　　183
    重视错题本的使用　　185

后记　父母的托举，成就孩子非凡学习力　　189

前言
解码学习力,让普通孩子轻松逆袭

双减背景下的教育形势

2021年出台的《关于进一步减轻义务教育阶段学生作业负担和校外培训负担的意见》让中国教育的形势发生了重大变化,国家想要减轻学生作业负担,直击教育行业痛点,可谓拳拳到肉:整顿校外培训机构、企业,提高教育教学质量。"双减"想要从根本上解决教育功利化、短视化的问题,真正实现教育的均衡、公平发展。

虽然这是一项对国家、对孩子都有利的政策,但面对全新的教育改革和变化,不少家长却感到焦虑与无措。过去的经验不行了,新的道路在哪里?

中华全国妇女联合会的家庭教育状况调查显示:50%的父母不知道用什么方法教育孩子,习惯了用培训班占满孩子时间的父母，面对孩子空出来的时间无所适从。中国共产主义青年团中央委员会宣传部和《中国青年报》社会调查中心联合开展了"全国义务教育阶段学生家长'双减'政策态度"调查，共有511 043名家长参与。调查结果显示，在孩子的教育问题上，有87.0%的受访家长感到焦虑，73.2%的受访家长表示焦虑的来源是以自己的能力很难辅导好孩子。

在我身边，焦虑的家长也不在少数。有的家长使尽浑身解数帮孩子"攒班"，继续用课外班占满孩子的课余时间；有的家长成天逼孩子学习，导致家里常常鸡飞狗跳；有的家长想要放慢孩子的学习节奏，却又担心孩子落后于其他孩子……

但其实，学习是需要孩子积极主动、自觉自律付诸行动的活动。所以，父母消除焦虑的根本性策略，就是帮助孩子爱上学习、学会学习、沉迷学习。

当前孩子的学习现状

读王国维的《人间词话》："古今之成大事业、大学问者，必经过三种之境界：'昨夜西风凋碧树。独上高楼，望尽天涯路。'此第一境也。'衣带渐宽终不悔，为伊消得人憔悴。'此第二境也。'众里寻他千百度，蓦然回首，那人正在，灯火阑珊处。'此第三境也。"其实，学习之于学生，也同样有着不同的境界。

我们可以问问孩子：到底为什么学习？孩子给出的答案，可以反映出他对学习的态度，从而帮助我们看到孩子在学习中存在的困难和问题。我也曾经在课堂上问过学生同样的问题。他们都是北京市重点中学的优秀学生，可他们的答案与别的孩子并没有什么不同：为了以后有好工作，为了能在学校和同学一起玩，为了不辜负父母的期望……

这种外部驱动，让孩子很难体会到学习真正的乐趣和意义。成绩优异的学生尚且如此，更何况成绩平平的学生了。很多学生不愿学习，甚至厌学——听课、写作业都被动消极、磨蹭拖延，不知道为什么学，学习自然也不会有什么计划。而这样的学习状态，也会导致学生想学学不进去，有力使不出。

前段时间，复旦大学附属儿科医院的"学习困难"门诊，因为一号难求的火爆而成功出圈冲上热搜。可见爸爸妈妈们想要孩子学习变好的心情到底有多么迫切。

为什么越来越多的孩子讨厌学习，甚至被家长视为学习困难了呢？

首先，是学生的学业负担过重。很多学生提前学、超纲学，所以休闲时间常常被各种各样的学科培训班和兴趣班占用。孩子们很容易把学习与烦、累、无聊等负面情绪联结在一起。并且因为学习科目多，他们不会平衡各门学科之间的学习时间，没有好的学习方法，导致学习效率不高，逐渐失去了学业自信。

其次，孩子缺乏学习动机。他们不知道自己为什么要学习，所以学习时很迷茫。

最后，现在的孩子普遍抗挫折能力比较弱。很多父母不让孩子做家务，不让他们做与学习无关的事，所以学习好不好成了检验孩子能力的唯一标准。孩子在学习上感受到挫败，其他方面也看不到优势时，自然会对学习感到失望进而逃避学习。

我们的初衷

在学校担任心理老师的十几年，我看到越来越多的孩子不愿学习、厌学，最后不得不休学在家。有太多曾经优秀且自律的孩子，放弃自己后悲伤、无助地麻木"躺平"；曾经以"鸡娃"为傲的父母，绝望却仍心有不甘……每每遇到这样的家庭，我都会感到难过，并为他们感到惋惜。我真的很想帮他们，可他们需要的帮助，并不是几次咨询就可以解决的。更确切地说，这些家庭错过了解决问题的最佳时期。

如果孩子的学习习惯和性格成形，已经坚定地相信自己不是学习这块料，他自然也就失去了学好的动力和心气。这也促使我不断地反思教育，反思在家庭教育早期，父母该如何避免未来出现难以修复的关系和局面。

这样的想法在我成为妈妈之后变得更加强烈。教师和妈妈的双重身份，让我觉得我有责任和义务去研究人才培养的规律和模式，去向广大父母分享我的教育研究和心得。

《黄帝内经》里曾说："上工治未病，不治已病。"作为教师，我们不能坐等孩子出了问题才去帮助和指导他们，那样只会用最高的成本得到最低的效用。真正的教育应该是防微杜渐，防患于未然，而不应该"亡羊补牢"。所以，我和冷老师决定主动出击，在人大附中开设了一门专门解决学生学习问题的选修课——"学习心理学"。

设计课程之前，我们针对众多优秀学生做了充分的调研和问答，我们发现：真正能够促进并保持学习进步的，往往不是恶补某一学科的知识，而是整体学习能力的提升。所以，我们最终围绕学习力开展的教学内容得到了学生们一致的好评，课程结束后，他们甚至自发地将课程推荐给学弟学妹们。

学习力的重要性

怎样才能提高孩子的学习成绩？

批评孩子不够努力？给孩子讲题，或者找老师给孩子补课？……亲爱的父母们，你们有没有想过，这些方法其实都是头痛医头，脚痛医脚，是治标不治本的？很多时候孩子学习成绩不好，需要提升的不仅仅是知识，还有获取知识的能力、信心、决心、勇气、毅力，这些统称为"学习力"。

"双减"之前,很多父母选择把孩子送进培训班,希望培训班能够代替自己管教和辅导孩子。但是,培训班首要的任务是赚钱,而不是教育。培训班并不能实质性提升学生的学习成绩,反而会带来一系列的负面影响。

培训班的另一个问题,是不顾孩子的发展规律而刻意拔高教学内容,他们通过贩卖焦虑吸引家长的眼球。我甚至见过一个培训班赤裸裸地叫嚣:"你的孩子不来,我就培养他的竞争对手。"很多家长被裹挟着,让孩子疲于奔命地穿梭在一个又一个培训班之间。

我相信没人愿意看到这样的结果!虽然我们对孩子的教育不能全部亲力亲为,但我们必须在关键节点上进行监管,不能让他人或机构替代!可能有的父母会说:"我已经学不懂孩子现在的学习内容了,还能帮助孩子学习吗?"这种担心其实大可不必。

教授具体的知识,应该是学校老师的事情。父母更重要的任务,是让孩子爱上学习,相信自己能学好,具备向难题发起进攻的勇气和毅力,以及教给孩子适合他的学习方法,帮助孩子修炼学习的内功——学习力。

通过图2中的**学习力三圆模型**,我们可以更直观地看到孩子在不同状态下的学习表现:

如果孩子只有学习动力和学习能力,缺乏学习毅力,那么

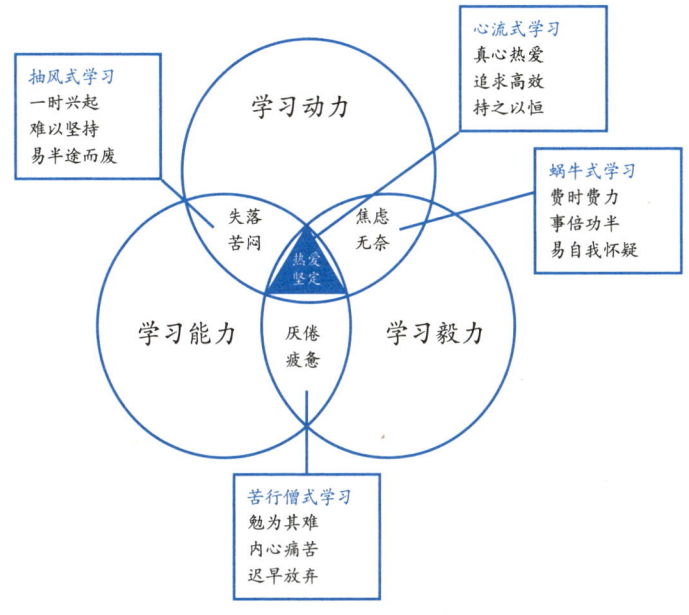

图2 学习力三圆模型

他往往表现为"抽风式学习",即学习仅凭一时兴起,学习兴趣来得快,去得也快,难以坚持,而他自己长期处于容易半途而废的模式,也会感到失落和苦闷。

如果孩子只有学习能力和学习毅力,缺乏学习动力,他很可能是"苦行僧式学习"模式,即被迫学习但内心不甘,仅靠意志力支撑。这样的学习,不符合人类趋利避害的天性,迟早也会放弃。这类孩子会长期处于厌倦学习和身心俱疲的状态。

如果孩子只有学习动力和学习毅力,缺乏学习能力,他通常是"蜗牛式学习"模式,学习起来费时费力,学习效果却事倍功半。长期的努力得不到回报，孩子自然会焦虑、无奈甚至产生深深的无力感。

所以，最好的学习模式是兼具学习力的三个要素，进入中间的黄金三角区。

这样的学习就是"**心流式学习**"，即孩子真心热爱学习，自发探索和完善提升自己学习能力的方法且能够持之以恒地努力。这样的孩子内心坚定，充满对学习的热爱——这正是本书想要阐明的：学习的内在规律、孩子的发展特点、科学的学习方法，以及举例说明父母可以如何使用这些方法帮助自己的孩子，注意事项有哪些。

我相信，每一个孩子都是独特的，虽然每一个孩子都有属于自己的困惑和问题，但是当我们找到适合孩子的学习方法后，就可以帮他在学习之路上焕发出自己独特的光彩！

我也是一位家长，很清楚大家的困境，工作太忙、精力有限、耐心不足等各种因素都让我们无法第一时间解答孩子的困惑。很多家长倾向于寻求外部帮助，甚至不想面对"剪不断，理还乱"的亲子关系，只想"大事化小，小事化了"。殊不知，那些"小事"往往忽视不得，否则就会一发不可收拾。孩子的学习能力更是每个家庭关注的重点，但家长应如何判断、如何陪伴、如何出手帮助呢？

我在本书中想要向父母传达的理念是：只需要适时轻轻推

一把孩子,让孩子利用自身能量激发向善向上、自立自主、自我实现的潜能,就能帮助他们走上自我发展的道路,这也是我作为教育工作者对家庭教育最高境界的理解,正所谓"教是为了不教,管是为了放手"!

现在,你准备好开始这场令人激动的学习之旅了吗?

第一部分

学习动力：从"被逼学"到"我想学"

第1章
学习动机：学习让你讨厌吗？

在我接触的案例中，小米是那种比较典型的初中后开始讨厌学习的孩子。一说学习，她就开始唉声叹气，半天不翻书也不动笔，但是玩起网络游戏，却眉飞色舞，手指在键盘上上下翻飞。小米小学时成绩优异，进入中学后成绩却稳定在班级的中下游，妈妈每次去学校开家长会，都要被老师点名，老师用可惜的口吻提醒妈妈：再努力帮帮小米吧。

对此，小米的妈妈感到很苦恼：自己和小米的爸爸上中学时，可都是学霸，两人都毕业于985大学。他们为小米提供了很好的生活保障，也非常重视小米的教育，为她花了很多的时间和精力。小米的智商也不低，小学时，成绩一直挺让父母骄傲的。本以为到了初中熬出了头，孩子能自主学习了，却想不到成绩不升反降，如今连学习动力都没有了，变得不爱学习了。

像小米一样的孩子，其实不在少数。分析具体原因前，我们不妨让孩子先做个学习动机小测试吧。

小测试

请孩子不用过多思考，按照自己的实际想法或情况选择即可。

序号	学习动机自测	不想/不认为	有时想/有时认为	经常想/经常认为
1	你是否希望自己成为班级里成绩名列前茅的学生？	1	2	3
2	你是否认为，学习中遇到不会的地方，只要努力钻研就一定可以明白？	1	2	3
3	即使没人监督，你也会主动学习和做作业吗？	1	2	3
4	在与同学的学习竞争中，你是否想获胜？	1	2	3
5	学习是为了满足你的求知欲吗？	1	2	3
6	你是否认为，只要努力学习，即使不喜欢的功课，也会变得有意思？	1	2	3
7	当你专心学习的时候，周围发生的事无法影响到你吗？	1	2	3
8	你清楚自己的学习目标吗？	1	2	3
9	你是否认为，准备考试期间，可以不参加运动和游戏？	1	2	3
10	当学习和娱乐冲突的时候，你可以选择以学习为主吗？	1	2	3
11	即使感觉疲劳，你也会把没有做完的功课完成吗？	1	2	3
12	平时你会做好预习和复习，以便应对老师的突击检查吗？	1	2	3

注：本测试改编自华东师范大学周步成教授的学习动机诊断测验。

计分方法：

每道题按照孩子所选的选项对应的分值计算得分，总分是所有题目得分之和。

总分为12~21分表示学习动机较弱，总分为22~27分表示学习动机中等，总分为28~36分表示学习动机较强。

> 孩子的得分是_____
>
> 您认为孩子为什么不爱学习？_____
>
> 如果孩子不爱学习，您用了哪些方法？哪些方法效果还不错？
>
> _____

如果孩子讨厌学习，父母也无须过分慌张。让孩子爱上学习的方法其实有很多，我们需要做的，是找到孩子不爱学习的原因，再有针对性地去解决。

孩子不爱学习的原因，无外乎以下几点：

1.来自父母对学习的误解。

很多父母会对孩子说："虽然学习很苦很累，但因为它很重要，所以你一定要咬牙坚持！"父母会自觉或不自觉地暗示孩子：学习是一件很苦的事情，你要用毅力坚持。但孩子长期靠毅力去做这件事，就会像被拉久了的弹簧一样，力量被消耗殆尽。

2.孩子在学习中缺乏自信,体验不到成就感。

3.孩子不知道为什么要学习,对于自己成天都要学习这件事感到迷茫。

4.孩子觉得学习没意思,不如游戏有趣,所以有机会就想玩游戏。

学习真的是辛苦且无趣的吗?孩子真的不可能爱上学习吗?事实上,这两个问题的答案都是否定的,孩子是可以爱上学习并乐在其中的。

我们不妨从学习理由、学习信心、学习成就感和学习体验感四个方面入手,各个击破,让孩子从此爱上学习(其中,关于提高学习信心和学习成就感,除了本篇中讲解的方法,后文《学业自我效能感:让孩子相信自己的力量》中还将进行更详尽的讲解)。

三种方法找到学习理由

方法1:谈论梦想并探索实现的路径

与孩子谈论学习最好的切入点,就是与孩子一起谈论梦想。我们可以站在孩子的角度,鼓励他们谈论和畅想自己的梦想。但一定要记住的是:**无论孩子的梦想听起来多么荒诞不经,也不要嘲笑他们,更不能打击他们。**

谈论梦想的意义，是在孩子的心中种下一个遥远的目标，让孩子清晰地知道自己想要去的地方。有梦想的孩子遇到困难时也会更加坚持不懈，不轻言放弃。

此外，畅谈梦想时，最好帮助孩子**把梦想变得更加清晰、更加细致**。比如，我曾经与不爱学习的小蕊谈论过她的梦想——她既想成为英语老师，又想成为钢琴老师。

我认真地倾听了她的想法后，顺着她的想法问她：这两个梦想有什么共同点？为什么你想做这两份工作？如果这两份工作只能选择其中一个，你会选哪一个？你以后想拥有什么样的生活？你是否想过做到哪些事情可以实现你的梦想？

她经过反复思考后发现：这两个梦想的共同点在于都需要通过不断学习和练习来实现；想做这两份工作的原因，是自己更擅长英语和钢琴，而且做这两份工作都不必学数学；而她更想当英语老师，因为英语帮助她看到了更广阔的世界；对于以后的生活，她希望自己拥有自由和快乐。

我和小蕊一起憧憬她的梦想，但也告诉她：这两个梦想都需要先考上大学才能实现。而考大学，就必须学数学。听到我的话，她十分震惊，才发现原来数学是自己梦想实现的过程中绕不开甚至还能成为助力的学科。于是，在后来持续的启发和鼓励下，小蕊面对数学时虽然还会有点怕，但明显变得勇敢和坚持了（见图3）。

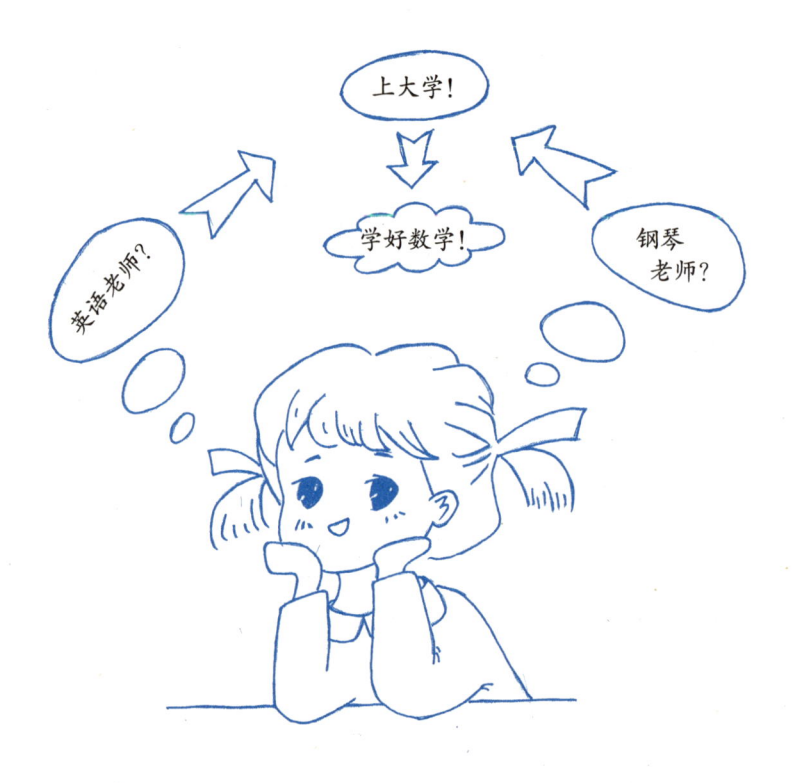

图3 憧憬并明确梦想

上面的提问可以帮助孩子更加明确梦想，让梦想的种子在心底生根发芽，也拉近了现实与梦想的距离，更会让孩子发现，只有学习才能实现梦想——这样，就能最大限度地发挥梦想的灯塔作用。

方法2：激发学习的内部力量

在辅导过的孩子中，很多孩子都说他们学习是受现实所迫——学习的理由不在学习任务本身,而是我们说的"学习靠着外部动机"。如何让孩子长久地保持对学习的热情,激发他们学习的内部力量和内部动机,一直是多数父母的困扰。

其实,孩子考了好成绩,并不一定非要用心仪的玩具作为奖励,口头表扬一样可以表达你对他的认可。我们可以说:"考得真好!祝贺你之前的努力有了回报!"

我们还可以说:"考出好成绩,是不是比吃一顿大餐还要让人高兴?学习是我们可以掌控的!它真是一件让人快乐的事情!"

孩子做出一道难题,我们可以通过及时的赞美和鼓励来强化他们学习的内部动机:"恭喜你又闯过一关!做出这道题是不是很快乐?是不是感觉自己特别棒?"

孩子没考出好成绩,或者在学习过程中经历了失败,父母同样可以通过激发孩子学习的内部动机来帮助他们克服困难。我们可以说:"失败没关系,你的能力其实已经在你一次又一次向难题发起挑战的时候悄悄提升了!"或者跟他说:"学习就像蒙着面纱的神秘人在跟你玩游戏,他不希望你那么轻易地取得成功。如果你坚持,也许他很快就失败了。但如果你放弃了,他就赢了!"

总之,我们要引导孩子将学习看作满足自己内心需要的存在。你学会了吗?请设想孩子学习中的某个情境,试着用赞美、鼓励或安慰的话激发孩子学习的内部力量吧！

方法3：提供信息，让孩子看到希望

美国麻省理工学院的"贫困行动实验室"做过一项实验，结果显示：仅仅向学生提供5个月的信息，基本上不花什么成本，却比田纳西州用两年时间，花费巨额资金帮助学生制订学习计划效果好得多。这项研究告诉我们，给孩子提供合适的信息，能够帮助他们找到学习的理由，激发学习的动力。

我们可以**经常制造一些让孩子想起自己梦想和目标的机会，持续地为他们提供合适的信息**。比如前述小米的案例，她想做一名长笛老师，于是我告诉她，长笛老师需要完成高中阶段的数理化学习，需要凭借高考成绩考入专业的音乐院校；对那些热衷玩电竞游戏并渴望成为电竞选手的孩子，我告诉他们成为电竞选手的条件以及电竞选手的黄金年龄，让他们对未来有更加理性的规划。

其实我自己就是在阴差阳错中用这个方法实现了高考的逆袭。高二暑假，父母送了我一本励志书《走向清华北大》。这本书由两部分组成：第一部分是清华北大的学生谈学习方法，第二部分则讲述了那些中等生如何逆袭考上清华北大的故事。

这些故事深深激励了我，也为我提供了两个重要信息：1.只要足够努力，即使只剩下高三一年，也同样能考上好大学；

2.学习是有方法的,有了方法就能事半功倍,就能考出好成绩。

为孩子提供有效信息的渠道有很多,相关书籍或励志的音频、视频故事,或者转告他们家长会上老师对他们的赞赏、希望和建议……这些都可以让孩子收获有用的信息。

四种方法帮孩子建立学习信心

很多孩子不爱学习,是因为对学习充满了担心,甚至恐惧——他们不相信自己能学好,更接受不了自己努力了也依然学不好的结果。这会让他们感到更加挫败,所以干脆在开始之前,就主动选择放弃。

在日常咨询中,我常常会看到这样充满戏剧化的场景:父母怒斥孩子不爱学习只爱玩,成天抱着手机、电脑;而孩子在我面前却因为自己学不好而痛哭流涕。

父母以为孩子不在乎学习,不愿意努力,但事实通常是孩子非常在意学习,也曾经努力过,只是努力后的结果不尽如人意,从而失去了信心,开始排斥学习,甚至故意营造出自己学不好是因为不努力而不是因为自己不够聪明的表象。

这种对学习失去信心的现象,在心理学中称作"**习得性无助**"。

"习得性无助"是美国心理学家马丁·塞利格曼于1967年

提出的：他将狗关在笼子里，只要蜂音器一响，就给它施加电击，狗因为无法逃避而只能默默忍受。多次实验后，他改变了实验条件：蜂音器响后，在电击开始前打开笼门。此时的狗不仅不逃走，还在电击前率先倒地呻吟、颤抖。这种本来可以主动逃避却绝望地等待痛苦来临的现象，就是习得性无助。它是不是有点像现在流行的"躺平"？

想要改变或避免孩子在学习中形成习得性无助，父母可以使用以下方法。

方法1：表扬孩子的积极行为

很多学习不好的孩子，在现实生活中有过诸多挫败的经验，所以他们对学习有负面情绪，不相信自己能学好，父母应该给他们更多的鼓励和表扬：做出一道难题时，考试进步时，敢于举手发言时，主动向老师或同学提问时……及时抓住这些积极行为，多多赞赏和肯定孩子。

我们可以说："今天是你第一次主动向老师提问的吗？天哪，你真的好勇敢！你又朝着更好的方向前进了一步，我真为你骄傲！"

或者是："今天这道题这么难你都没有放弃，一直在思考，我非常欣赏你这种行为！即使没做出来，我都想好好夸夸你！如果你能保持这种不怕困难的精神，那不管什么事，你都能做好!"

请仔细观察和发现孩子今天的积极行为吧,今晚的亲子对话,就从表扬开始!

方法2:让孩子重视过程而非结果

孩子喜欢游戏而不是学习的主要原因之一,是游戏能够及时给予反馈,坚持就能顺利闯关。但学习是一个长期的需要智力、毅力、记忆力、注意力、抗干扰能力等多种综合能力的过程。学习不会很快就得到反馈,也不是只要坚持就能取得好结果的。因此,父母和孩子都要学会**重视学习的过程,而不是学习的结果**。

很多父母常常为孩子的学习成绩不理想而大发脾气,这容易给孩子错误的引导,就是父母只在意他们学习的结果,而不是学习过程本身。有些孩子甚至为了获得好的学习结果而采取抄袭、欺瞒等不合规的行为。所以,父母应该从降低对学习结果的关注做起,给孩子做出表率,用善于观察的眼睛,看到孩子在学习过程中的表现,及时给孩子提供有针对性的反馈。

比如,孩子做出一道难题,父母可以及时表扬并鼓励他:"你能够坚持思考这么久,真的好厉害,要是我可能早就放弃了!我很喜欢你不畏困难,勇于挑战的样子!"

如果是遇到困难就想要放弃的孩子,我们也可以鼓励他:

"学习有时候就是很困难的,但是知识也就这么多,只要我们不断努力,总会弄明白的。"

请认真回忆,孩子学习的过程中有哪些闪光点或者遇到过哪些困难,你又会如何帮助他看重学习的过程?

方法3:帮助孩子建立知识与生活的联结

孩子不喜欢学习,常常是因为不知道学习到底有哪些用处,不知道学到的知识如何应用于实际生活。很多孩子以为,只要会简单的加减乘除,就足够应付生活了,那些抽象且枯燥的知识好像并没有实际的用处。

这是因为孩子没有把所学的知识与实际生活联系起来。这样的知识,学习起来不仅抽象、难懂,而且会让孩子很没有成就感。父母应该帮助孩子将所学的知识应用到具体、实际的生活中去。

比如带孩子去博物馆,科普人文知识和历史知识等都很有趣,还可以鼓励孩子主动探索生活中的科学知识应用。当孩子学到某些知识时,带他去相关地方感受知识与生活的联结。比如,孩子学到《望庐山瀑布》时,我们可以带他去趟庐山,或者至少给他看看庐山的图片或视频,让他直观地感受庐山的高大巍峨,体会诗人李白当时的震撼和赞叹之情。

即便有父母不能理解的知识,我们依然可以鼓励孩子尝试将知识与实际生活联系起来,比如学受力分析的内容时,可以问孩子:这个理论可以运用在生活中的哪些场景里?怎样运用呢?

方法4:提前学习,增加知识的曝光率

美国心理学家罗伯特·扎荣茨提出的单纯曝光效应指出,人类有一种特质,同某事物接触得越多,就会越喜欢那个事物。很多厂家利用这个效应,频繁地为自己的品牌打广告——曝光越多,大众就越喜欢那个品牌。

这种效应在教育中的应用表现在:**如果孩子在日常生活中积累了大量知识,那当他们在学校里再次学到这些知识时,就会表现出特别的好感。**而这种好感,也能迁移到他们的学习行为中去。

父母可以鼓励孩子通过预习、阅读课本等方式,让孩子了解更多将要学到的新知识,扩大自己的记忆网络。这样,孩子正式上课时,再接触到曾经了解过的知识,就更容易想起它们,掌握得更牢固,孩子自然对学习也更有信心。

请想一想我们怎么帮孩子增加知识的曝光率。

帮孩子增加学习的成就感

没有人希望自己的努力打水漂,尤其是孩子经历过一次次

失败后，再想建立信心并不那么容易。所以，增加孩子学习的成功体验非常重要。可是，成功体验未必每次都有，它需要父母有一双发现孩子进步的眼睛。

<u>第一，要传递给孩子正确的理念：努力比能力更重要。</u>

心理学理论认为，人们对能力有两种不同的内隐观念：**能力实体观和能力增长观。**

持有能力实体观的人认为，能力是固定的、不可改变的。当考试失败时，他们就会认为自己能力不足，并为此感到焦虑、羞愧和沮丧，从而容易放弃学习。

而持有能力增长观的人则认为，能力是可以通过努力增长和提高的。当考试失败时，他们依然可以保持积极的情绪，继续挑战学习任务，争取下次考好。同时，他们会比认同能力实体观的人有更高的要求，更愿意选择挑战性的任务，敢于冒险，具有较高的坚持性和专注水平。

所以，如果我们想让孩子勇敢攀登学习的高峰，就要传递给孩子正确的理念，让他们看到：只要努力，就能提高能力，努力远远比能力更重要。孩子不会做题，我们不能说："你怎么这么笨！"也不能说："你就是太懒了！"而是要跟他说："看来你之前的努力还不够，是不是书上的公式、定理和基本概念还没有吃透？"

第二，要建立"只要努力，我就能做成"的信念。

如果孩子长期在学习中的体验都是失败和痛苦，就会容易形成前文说过的习得性无助。这时，父母再怎么苦口婆心地劝说，孩子都不愿意再去努力。所以，我们需要帮助孩子**降低预期，积累成功经验**，建立"只要努力，我就能做成"的信念。

孩子对目标没概念，所以容易好高骛远，在现实里一旦实现不了，就会产生挫败感。父母需要引导孩子设定学习中的小台阶，开始时难度要低，鼓励孩子一点点尝试，让孩子在不断成功的过程中积累自信，相信自己只要努力就有收获。

在实际的咨询案例中，我常看到有些父母同样有眼高手低的问题，给孩子制定的学习目标过高：比如孩子平时成绩排在年级100多名，可父母却要求孩子努力实现"下次考到年级前50名"的目标。

建议父母帮孩子制定的目标符合这样一个原则：**只要努力，就有80%的概率能做到**。这样，孩子只要付出努力，就容易收获成功，慢慢就会形成"只要努力，我就能做成"的信念。

比如，孩子平时成绩排在年级120名左右，父母可以先让他挑战考到年级前100或者前110的名次，等孩子实现了这个小目标，有了一些学习的成就感后，父母再鼓励他向更高一点的目标挑战。

第三，要避免学习的恐慌区。

许多父母会带孩子挑战大大超出孩子能力范围的难题，比如更高年级的奥数题，他们希望通过做难题、偏题、怪题来拓展孩子的思维，让他变得更聪明。但很快他们会发现，孩子当时好像懂了，可是考试中类似的题目并不会做。

有的父母会感觉自己白教了，对孩子很失望，孩子也对难题或奥数题产生排斥，感觉自己不是学习的料，对自己也很失望。这就是父母典型的好心办坏事行为，很容易让孩子觉得"努力是毫无意义的"。

苏联著名教育家维果茨基提出"**最近发展区**"理论，受到教育界的广泛认可。他认为教育是要帮助孩子超越他们已经达到的发展水平，达到他们可能达到的发展水平，这才是**学习的**

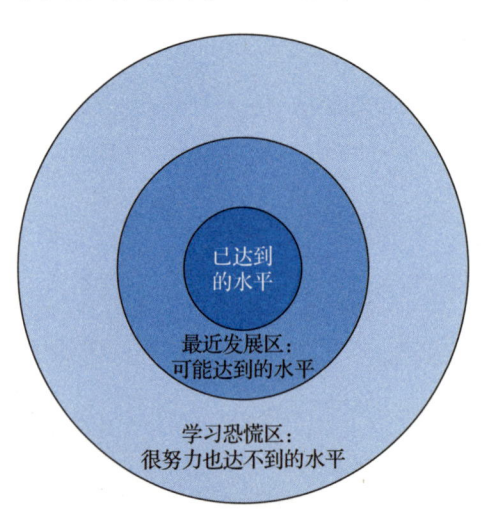

图4 "最近发展区"理论

成长区（见图4）。超出最近发展区的区域，在心理学中被称为"学习恐慌区"。

孩子面对超出自己能力范围太多的知识，心理感受严重不适，甚至可能崩溃到放弃学习。有父母问我，是不是不能带孩子做难题了？其实，我们只要避开孩子的恐慌区，使其反复练习成长区的学习内容，就是在有效锻炼孩子的学习能力。

父母该如何判断什么是学习的恐慌区和成长区呢？有一个判断的好办法：如果孩子思考一道题半个小时以上，仍然一头雾水，完全没有思路，那么这种题就处在孩子的恐慌区；如果孩子能思考出一道题的几个步骤，只是卡在其中一个知识点或者步骤里出不来，在接受父母或老师的指导后能够做出来，那么这种题就处在孩子的成长区。

第四，表扬孩子自身的进步，不和别人比不足。

很多父母喜欢比较，常常拿自己孩子的缺点和别人家孩子的优点进行比较，结果越比较，自己和孩子就越泄气。这种毫无意义的比较，其实非常打击孩子学习的热情，消磨孩子的学习成就感。

世界上没有两片叶子是一模一样的，孩子更是如此。所以，父母要把关注的焦点多多放在孩子的进步上，表扬时也要发自内心，不要只是为了让孩子高兴而进行虚假的表扬，那样只会起到反作用,让孩子感觉父母缺乏诚意。比如,孩子明明考得不好,也知道父母对这个成绩感到失望,但父母仍然对他说:"没关系,你已经考得很好了!你是很聪明的!"这种表扬只会让孩子感到虚伪。

有的父母不会表扬,明明真心想表扬孩子,却让孩子感觉不舒服。比如,孩子羡慕其他人有很多朋友,父母却夸孩子独立坚强;孩子做了一件自己觉得微不足道的事情,父母却追着夸他真聪明、真了不起……这样的表扬并不会让孩子感到高兴,充满动力。所以,父母表扬的正确表达方式,应该有以下两点原则:

1.**夸奖,要具体而不笼统**。父母应该明确客观地指出孩子成长和进步的地方,以及与进步相关的行为、学习、练习等。

比如,孩子今天超额背了10个单词,父母可以告诉他:"看到你今天完成规定任务后,还主动超额背了单词,我觉得你长大了,学习上更加积极主动了!"这种表扬,比笼统地夸孩子"你真棒""你很优秀",更容易让孩子感受到来自父母的关注,并且知道今后应该怎么做。

2.**夸努力不夸聪明**。不少父母找我咨询时,常常会说:"孩子其实很聪明,就是不好好学习。"这样的父母,其实潜意识里认为:好成绩是与聪明画等号的。这种想法养出的孩子,要么自以为是、沾沾自喜;要么遇到挑战就回避,害怕表现出与聪明不相符的行为。

因此，我们要多多地肯定孩子的努力："你这次考试进步明显，我觉得主要是因为你前段时间学得很努力，所以在考试中就看到了回报！看到你高兴，我也很高兴，我特别欣赏你刻苦学习的样子！"

关于如何表扬孩子，笔者在这里为大家推荐一个话术模板：**客观描述孩子的成长进步—表达父母的主观意见或想法—总结性表扬并附加感谢**（见图5）。

| 客观描述成长进步 01 | 表达你的主观意见或想法 02 | 总结性表扬并附加感谢 03 |

图5 表扬话术模板

举例来说，如果孩子抵制住玩电脑游戏的诱惑，选择先把作业写完，我们可以说："今天我看到你面对自己喜欢的游戏仍然能做到不受诱惑，选择做完作业再玩，我很感动，也为你骄傲。能够抵挡诱惑并不是一件很容易的事，但是你做到了。有这样的精神，我相信你一定能学得好。看到你有这样的表现，我真的很开心，谢谢你！"

请想出孩子最近有进步的一件事，试着用这个表扬话术模板来夸夸他吧。

提升孩子学习的体验感

学习，还是游戏？傻傻分不清楚

多年来，孩子们对学习有这样的思维定势，即学习是被强制、被要求做的事情，而游戏是自己想做的事情。这种思维定势带来的后果是：一玩游戏就眉开眼笑、干劲十足，一学习就愁眉不展、浑身乏力。

因此，父母需要**打破孩子对学习的固有观念，让学习变得有趣**。比如给学习改个名字，贴上游戏的标签。这个方法超级简单，易于操作且没有技术难度。

我们可以把数学、物理、化学等理科称为"猜谜游戏""思维训练"；把语文、历史、地理等文科称为"知识竞赛""抢答游戏"。这样，内容虽然没变，却能带给人完全不一样的心情。

给孩子出题的方式可以模仿电视节目中的猜谜游戏、知识竞赛、飞花令、成语接龙等，让孩子带着愉快的感受参与其中，这样不仅能收获知识，还能体会到学习的乐趣。

有了选择性，就有了主动性

前文我们提到过喜欢长笛但不喜欢数学的小米。她告诉我，自己不喜欢数学，是因为学数学太累。但我们在进一步的交流中发现,长笛学习也很苦,而且老师还挺凶的。但小米乐此不疲,这是因为"长笛是为自己学的,所以再累也不觉得累;数学是为妈妈学的,所以想一想都会觉得累"。

孩子主动学习和被动学习的区别可见一斑。

想让孩子主动学习,父母不妨**为孩子提供一些可选择项**,让他们自己选择,这样就会**激发他们的内在动力,使其产生掌控感和幸福感**。比如,父母想让孩子现在去学习,就可以给孩子提供两个选择:学一门不太喜欢的科目,或者去做一件更不情愿做的事。

孩子自己做出选择时,就意味着他们按动了学习的开关,就不会觉得学习是被迫的了。除了选择不同的学科进行学习,我们还可以让孩子选择在不同的时间学习。比如周末在家,孩子可以选择上午做数学作业,或者下午做数学作业;现在做语文作业,或者做数学作业。这些都可以增强孩子在学习中的主体性。

有了选择权,即便是做同样的作业,孩子的心情和感受也会变得不一样,会更加主动和积极。

保持高效注意力的时长分配法

很多父母费了九牛二虎之力才把孩子劝到书桌旁,就想着让孩子多学一会儿,所以孩子常常一学习就是一上午,或者一整个晚上。殊不知，那些小学高年级的孩子，他们的注意力集中时间只有15~30分钟，一旦超过这个时间，孩子的注意力就很难集中，也容易疲惫和烦躁。

所以，父母要学会**根据孩子的注意力时长来安排学习任务**。可以以"学习20分钟，休息10分钟"为标准，适时帮孩子换换脑子，休息一下眼睛，做点不一样的事情。

如果孩子上了中学，我们可以使用**番茄时钟法**，让孩子每学25分钟就休息5分钟。孩子学习任务重的话，也可以让其在不同学科的学习内容之间进行切换，比如先学会儿数学再学会儿语文，再休息10分钟，以此来帮助孩子保持高效的注意力。

学习也能充满惊喜和意外

父母**把有趣的游戏和看起来枯燥的学习结合起来**时，孩子再想到学习就不会觉得被动和厌倦。但是，有趣的游戏常常会耗费很多时间，有可能挤占学习的时间。所以，父母不妨教给孩子一些好玩又不太占用时间的游戏，让孩子在学习中劳逸结合。

比如，让孩子把一天要完成的作业都列出来，通过掷骰子游戏来选择写作业的顺序；或者在孩子学习的间歇，安排一些类似投壶、唱歌比赛、蹦床的游戏活动。通过这些游戏，让孩子既对学习和空闲时间有掌控感，又能体验到充满不确定性的快乐感。

除了以上游戏，想一想我们还可以用哪些游戏来丰富孩子的学习生活？

> **送给父母的反思表**
>
> 1.孩子的学习动力可以从哪几个方面提升？
>
> 2.本章中让你印象最深的方法有哪些？
>
> 3.你计划在哪些情境下运用这些方法？
>
> 4.使用这些方法前，请尽量详细地设想可能会出现的情况，请思考我们灵活应对这些情境的策略。

第2章
学业自我效能感：让孩子相信自己的力量

我的学生小婕说："老师，我觉得自己再怎么努力也没有办法学好，我本来就不属于聪明的那类！"

这让我十分好奇，我追问她："你为什么会这样想？这个想法是从什么时候开始产生的？"

"小学三四年级的时候吧。我爸爸妈妈总是这么说我，所以后来我也慢慢地认同他们了。"

原来，小婕刚上小学时成绩非常好，经常拿满分，亲戚们聚餐讨论孩子学习时，都会夸小婕聪明。但每次小婕的爸爸妈妈都会谦虚地说："没有啦，我们家小婕不属于聪明的那一类……您家孩子一看就机灵聪明。"

说者无心，听者有意，小婕爸爸妈妈无心的客套话，却在孩子的心中发了芽，成为她对自己的认知和标签。以致后来学习上再遇到挫折、困难时,小婕都会认为自己"不是聪明的那类人",最终产生了"自己再怎么努力也学不好"的想法。小婕的心理和状态,是学业自我效能感低的表现。

用下面的问卷来测测孩子的学业自我效能感吧,请让孩子按照自己的真实情况选择即可。

小测试

序号	学业自我效能感测试	非常不同意	比较不同意	不确定	比较同意	非常同意
1	我相信自己有能力在学习上取得好成绩	1	2	3	4	5
2	我认为自己有能力解决学习中遇到的问题	1	2	3	4	5
3	和班上的其他同学相比,我的学习能力比较强	1	2	3	4	5
4	我认为我能在课堂上及时地掌握老师讲授的内容	1	2	3	4	5
5	我认为我能够学以致用	1	2	3	4	5
6	相比于班上的其他同学,我对所学科目的了解更广泛	1	2	3	4	5
7	我喜欢选择富有挑战性的学习任务	1	2	3	4	5
8	我认为自己能够很好地理解书本上的知识,以及老师所讲授的内容	1	2	3	4	5
9	即使我在某次考试中的成绩很不理想,我也能平静地分析自己在考试中所犯的错误	1	2	3	4	5
10	不管我的学习成绩好与坏,我都从不怀疑自己的学习能力	1	2	3	4	5

注:本测试摘自河北大学李瑞《小学生学习动机、学业自我效能感与

学业成绩的关系及其干预研究》中的《学业自我效能感问卷》。

计分方法：

每道题请按照孩子所选的选项对应的分值计算得分，总分是所有题目得分之和。总分越高，孩子的学业自我效能感越高。

自我效能感是心理学家阿尔伯特·班杜拉于1977年在其著作《社会学习理论》中提出的概念，指的是一个人对自身能否利用所拥有的技能去完成某项任务的自信程度。

自我效能感在学习领域的具体应用，被称为**"学业自我效能感"**。具体来说，学业自我效能感是一个人对自身学业能力的信念，也就是学习者评价自己能否利用自身能力去完成学习任务的自信程度。孩子的学业自我效能感会对学习过程产生多方面的影响，比如内在学习动机、学业焦虑、学习毅力、学习成绩等。

国外有学者曾做过一个实验：按数学能力的不同，把儿童分为三组，又把每一组数学能力相同的儿童分为"自我效能感高的组"与"自我效能感低的组"。研究人员让孩子们解答数学难题，发现在数学能力相同的一组中，自我效能感高的儿童会比自我效能感低的儿童更快地调整策略，解决更多难题。可以说，学业自我效能感既是孩子能力发挥的助推器，更是孩子学习成就的"测试仪"。

学业自我效能感高的人普遍具备以下"三高"特征：

1.学习能力感高，相信自己可以在学习这件事情上做得很好；

2.学习努力感高，相信自己可以努力学习，专注于学习任务；

3.学习控制感高，相信自己可以控制自己的学习活动和行为。

如果测试出孩子的学业自我效能感不高，父母也不用过分紧张，因为学业自我效能感有很强的可塑性，帮助孩子提高学业自我效能感的方法也有很多，可以参考以下方法，结合孩子的实际情况，有针对性地使用。

记录成就小故事，成就人生大故事

孩子出生的头几年，很多父母都喜欢记录孩子的成长过程，经常拍照、拍视频发朋友圈，孩子的一点点小变化、小进步，都能让父母惊喜半天。

但孩子上学后，很多父母看待孩子的方式却发生了变化：期待变高，要求变多，看到的也都是孩子的不足。很多父母甚至理所应当地认为"别人家孩子能做好的,自己的孩子也不应该做得差"。

这些父母行为的改变,往往导致孩子学业效能感的降低。有一项关于小学五至六年级小学生学业自我效能感的研究调查显示,父母对孩子越严厉,越爱拒绝、否认孩子,孩子的学业自我效能感就越低。

要想帮助孩子看到自己的成长和进步,帮助他**将成长中的学业压力转化为动力**,我们可以通过写日记的方式,**记录孩子学习中的成就小故事**。

人类大脑的构造,会让我们出现"负面偏好"。这种负面偏好体现在亲子关系中,就是父母更容易忽视孩子好的方面,而更多关注孩子做不到或者做得不好的一面。因此,及时记录孩子成长中的点滴进步就显得尤为重要。

比如,你今天观察到孩子放学回家后,没有经过任何人的提醒,就主动完成作业;孩子在暑假时通过设置目标与制订计划,提前完成了学校布置的作业;孩子经过自己的努力,期中考试时某科成绩提高了;孩子虽然嘴上抱怨作业太难,却没有放弃,最终仍然坚持完成了;在某次比赛或者活动中,孩子的表现优异;孩子面对学习任务和娱乐诱惑时,做出了一次明智的抉择。它甚至可以是孩子分享了某个你不知道的知识或内容;成功背诵出一首诗歌;将一道错题成功修改过来;努力练习写字,今天比昨天多写了一行,今天比昨天写得更工整;采纳了你给他的学习建议,并且尝试实行;每天坚持打卡阅读(见图6)……

同时,我们也可以选择一个合适的时机,与孩子分享和讨

图6 记录成就小故事

论这些成就故事。在分享的过程中,尽可能详细地描述事情的经过,以及你为什么认为这是孩子的成就。这个过程可以让孩子重温自己的成就感。我们的表达可以重塑孩子对事件的定义与理解,影响孩子的思维模式。

我们学校每年都会为高三的孩子举办"成人礼"活动,其中一个环节,是爸爸妈妈为孩子准备一份成人礼物。各位爸爸

妈妈准备的礼物中，不乏对孩子的成就记录——小到小学时的第一份手抄报，大到孩子获得的各种竞赛奖状。

这些无疑都是父母们给予孩子的最好礼物，而更重要的是，当开始记录时，父母在不知不觉中会发现自己看待孩子的方式、跟孩子的互动体验以及孩子的发展，都在朝着积极的方向改变。

寻找联结点，发挥榜样的力量

心理学关于自我效能感的实验证明，提供机会让孩子去观察和了解别人是如何成功的，会对其自我效能产生持久、深刻的影响。也就是说，即使我们自己并没有亲身经历过成功，但是在看到别人成功后，同样会产生"我也可以"的想法。

作为社会性学习能力最强的动物，人类就是这样依靠观察他人的行为和行为后果，学到了大部分的间接性经验知识。这也是提高孩子学业自我效能感的一条重要途径。

在心理课堂中，我发现孩子们心目中的榜样人选可以分为四类：**亲人榜样、同学榜样、名人榜样以及虚拟榜样**。所谓"虚拟榜样"，主要指小说中塑造的人物形象。父母可以用这些榜样来增加孩子对成功的替代性经验，提升孩子的学业自我效能感。

首先，我们可以多跟孩子寻找和讨论榜样与自己的相似点。

比如，孩子是否跟榜样有着相似的兴趣、爱好、能力或性格？是否有着相似的学习困境？是否有过某一段相似的经历？又或者是否有着相似的梦想？找到的相似点越多，孩子与榜样的联结感就越强。这个过程会让孩子觉得自己与榜样相似，开始相信"榜样能做到的，自己也可以做到"，榜样的成功经历对自己有很大的借鉴意义。

其次，尽可能地让孩子了解榜样成功的具体过程。

面临困难与挑战时，榜样是如何坚持下来的？在完成挑战的过程中，他使用过哪些方法、运用了什么样的能力、利用了哪些资源？……了解得越具体，孩子学习到的替代性经验就越多，对于自己实现目标的路径就会看得越清晰，从而更有信心完成目标。

最后，我们可以与孩子一起来辩证地看待榜样。

父母可以和孩子一起讨论：榜样身上具有哪些优点，同时又有哪些缺点？榜样如何发挥自己的优点，又如何对待自己的缺点？我们从中可以得到什么启发？这种理性的分析，会将榜样进一步现实化：榜样也不是完美的，既有优点也有缺点，跟我们一样。

这样的讨论分析，会让孩子更能接纳自己，增加对自己的信心：我们每个人都是不完美的，但这并不会妨碍我们去实现梦想和目标。同时，这种理性的分析可以"取其精华，去其糟粕"，避免孩子盲目崇拜。

父母与孩子在讨论榜样的过程中，需要注意以下两点：

1.与孩子讨论的，应当是他们真心喜欢的榜样，而不是父母认为孩子应该崇拜的对象。如果榜样不是孩子自己选择的，那么不管父母再怎么引导、讨论，都很难让榜样发挥出力量，甚至会让孩子产生逆反心理。

2.如果孩子选择的是亲人榜样或者同学榜样，一定要避免让孩子产生"父母将我与他人进行比较"的感觉，要尽可能多地询问和倾听孩子的感受与想法，适时调整表达方式。

挖掘孩子优势，多元评价助成长

心理学中有一个广为人知的"罗森塔尔效应"，又名"**期望效应**"。它源于哈佛大学心理学教授罗伯特·罗森塔尔的一项经典实验。研究人员从一所小学的每个年级中随机抽选出3个班，也就是总共18个班，并对这18个班的学生进行了一次号称"可以预测孩子未来发展趋势"的测验。

随后，罗森塔尔交给班级老师一份名单，说这份名单上的学生是最具发展潜力的。但实际上，这些学生是罗森塔尔随机选出来的，之前的标准测验也不过是为了增加名单的可信度。一段时间后，罗森塔尔再次回到这所学校，他惊奇地发现，名单上的那些孩子，无论以往成绩是好是坏，都在这段时间有了很大的、全方位的进步，而且他们变得更有自信，求知欲更旺盛，考试成绩也有显著的提高。

这项实验向我们证明，**如果老师或父母对一个孩子抱有正向期待，就会给孩子带来极大的积极影响**。可以说，父母眼中孩子的样子很可能就是孩子未来的样子。

所以，我们平时更多地传递给孩子的是正向的关注还是负向的关注？一起来做做下面的小测验，用5分钟时间写出孩子身上的10个优点。

书写的过程对你而言是否困难？如果你感到困难，那也很正常。如果平时只用单一的分数或排名来评价孩子，那我们对孩子的期待空间会很小，也无法向孩子传递更多的正向期待。想要挖掘出孩子更多的能力优势，我们可以试试**"多元智能法"**。

多元智能理论由哈佛大学心理学家霍华德·加德纳提出，他更新并拓宽了我们对智能结构的认知。他认为智能的基本结构是多元的，除了传统的**语言智能和数理逻辑智能**外，还应该包含**空间智能、身体运动智能、音乐智能、人际关系智能、自然观察智能和自我认识智能**（见表1）。

孩子的10个优点
1. ___
2. ___
3. ___
4. ___
5. ___
6. ___
7. ___
8. ___
9. ___
10. ___

表1 多元智能理论

多元智能	含义	具体表现
语言智能	孩子对语言的掌握和灵活运用的能力，即孩子听、说、读、写的能力	对词语意思、词序、语音语调变化等具有敏锐的洞察力，能顺利高效地利用语言描述事件、表达思想情感并与人交流
数理逻辑智能	孩子运算和推理的能力	能够进行计算、量化、思考命题以及进行复杂的数学或逻辑运算。对事物间如类比、对比、因果和逻辑等关系敏感，能很好地通过归纳能力、运算能力和逻辑推理能力解决问题

（续表）

多元智能	含义	具体表现
空间智能	孩子感受、辨别、记忆、改变物体的空间关系，并借此表达思想和情感的能力	对线条、色彩、形状、结构和空间关系敏感，能通过平面图形和立体造型将它们表现出来，能够很好地辨别方向，感知环境
身体运动智能	孩子的身体协调、平衡能力，用身体表达思想、情感的能力，动手的能力	对整个身体运动有着很强的控制感和协调感，可以使用双手灵活地控制物体
音乐智能	孩子感受、辨别、记忆、表达音乐的能力	对音高、节奏、音色和旋律具有很强的敏感度，能将音乐与情感紧密结合，可以通过作曲、演奏和歌唱等方式表达音乐
人际关系智能	孩子理解他人，与他人相处和交往的能力	对他人表情、话语、手势动作敏感，并对此做出有效反应的能力；可以很好地意识到人与人之间的差异，可以理解他人动机、情绪和意图
自然观察智能	孩子辨别环境特征并对其加以分类和利用的能力，能够有效地与生物互动，辨别生物特征和自然力量的能力	能在自然界中辨别差异，认识我们所处的大自然环境的规律，能适应不同环境
自我认识智能	孩子认识、洞察和反省自身的能力	能够正确地评价自身的情绪、动机、愿望、个性、意志，认识自己的优缺点，能对自己的思想感受进行感知和反思，并进行有效调节

多元智能理论认为，每个人都拥有相对独立的八种智能，孩子们之间的差异主要在于这些智能组合的方式及程度不同，即便是同一种智能，也有不一样的表现形式。这些智能之间是相对独立的，没有等级区分。每一种智能都可以在解决问题的过程中发挥自己的作用。多元智能理论可以帮助父母**发现孩子**

更多的闪光点，从多维度挖掘孩子的能力优势，向孩子传递更多的正向关注与期待。

比如，有的孩子喜欢看书、阅读，擅长用文字来表达自己的想法，经常"语出惊人"。我们可以这样鼓励孩子："你刚才用的词语太贴切了，充分发挥了自己的语言智能。爸爸妈妈都没想到还可以用这个词来形容，这让我们一下子明确了它的意思。阅读书籍真是能帮助我们提高语言能力呀！书果然没有白看！"

又如，有的孩子能够精准地记住车子停在停车场的位置，并且能带爸爸妈妈去找到它。父母可以这样肯定孩子："你总能记住细节和方位，我和你爸都不行呢，你的空间智能太好了，相信你未来一定可以很好地解决立体几何的问题。"

在这个过程中，我们认可了孩子的行为，将孩子的行为归功于能力优势，让孩子了解并认识到自己的优势，看到自己的潜力，我们对孩子的鼓励也将促使他们把这些优势应用到学习中。从优势出发的肯定，可以提醒孩子自己有什么样的能力，自己并不是一无所长。

找到自己的优势，孩子未来才可能成为一个卓越的人。因为决定孩子人生宽度和高度的，并不是他没有缺点，而是他可以拥有多少优势。

学业自我效能感是影响孩子学习成绩的非常重要的非智力

因素之一。学业自我效能感高的孩子，倾向于选择具有挑战性的学习任务，并且愿意在学习中付出更多的努力和更多的坚持，即使没有达到目标，也会更多地分析和关注如何克服障碍和困难，下次更好地努力。愿父母给予孩子更多鼓励，更多正向期待与关注，让孩子真正拥有"勇于挑战、锲而不舍、越挫越勇"的学习精神。

第3章
积极情绪：从低落的情绪中重燃学习热情

每天放学后，父母见到孩子，首先会问什么呢？有的父母说，每次问的问题都不太一样。那么，你经常问到的主题是什么？

之所以提到这一点，是因为大学时我的教育学教授在课上的分享让我难以忘怀。当时的我们还都年少，面对这个问题，只能通过自己的父母经常问的话语来进行推测。同学们猜到的答案，也无一例外都是"作业做完了吗？""上课认真听讲了吗？""有没有和同学吵架呀？"等。

老师一一否决了这些答案，他说："我每次都会问孩子：'今天在学校过得愉快吗？'"这个答案让当时的我非常诧异，也让我开始关注情绪对学习的影响。

可能有的父母会说："愉不愉快有什么重要的？学得好不

好才是最重要的，要是能学得好，头悬梁、锥刺股也可以。"很多父母容易忽视孩子的情绪问题，认为只要结果是好的，过程痛不痛苦都不重要，甚至认为只有痛苦才能出成绩。

也有父母其实已经发现了情绪对学习成绩有影响。有父母跟我说："情绪就是学习路上的一块绊脚石！我家孩子情绪低落时都写不了作业。孩子平时小测验考得都不错，可是一到大考就考砸。不光考场上焦虑紧张，整个考试周都睡不好，胃口也不好。不知道怎么能帮孩子控制好情绪，让他正常发挥。"

这种由消极情绪引发的学习问题其实非常常见。不少父母甚至会遇到更糟糕的情况：孩子出现厌学情绪，在家抱怨学习无聊，不想上学。还有部分孩子同时伴有情绪低落、失眠等症状。

心理学家们其实也非常关注这一领域，并做了很多研究，也提出了各种帮助孩子调适情绪的理论与方法。尤其近几年，随着研究的深入，心理学家开始更多地关注孩子的积极情绪。他们发现，投入更多时间去研究如何减少消极情绪固然不错，但研究如何激发和增加孩子的积极情绪也不失为一条更好的路径。

令人惊喜的是，心理学家的确发现了积极情绪的巨大力量。积极情绪可以帮助孩子抑制消极情绪，让孩子不管是生理还是心理都更加健康。同时，大量心理学的实证研究也证明，**积极情绪可以从多方面促进孩子的学习，提升孩子的记忆与解决问题的能力，增强学习自主性以及激发学习兴趣与动机。**

美国的芭芭拉·弗雷德里克森教授是积极心理学领域的领军人物。她曾经做过一系列关于积极情绪如何促进孩子创造力、思考速度的实验,结果均显示,被调动起积极情绪的孩子表现都更出众。

从另一个角度说,当我们开始关注积极情绪时,我们其实就已经开始享受它带来的益处了:你会发现自己已经开始去想如何与孩子一起来寻找和创造更多的积极情绪,而不是每天苦恼着如何去面对孩子的消极情绪。

能够促进孩子学习的积极情绪有哪些?它为什么能够促进孩子的学习?父母如何使用这种方法帮助孩子学习?一起来做一做下面的小测试,看看孩子现在的情绪如何吧。

请阅读每一个词语,根据孩子最近1至2周的表现打分。

小测试

序号	情绪自测	几乎没有	比较少	中等程度	比较多	极其多
1	感兴趣的	1	2	3	4	5
2	心烦的	1	2	3	4	5
3	精神活力高的	1	2	3	4	5
4	心神不宁的	1	2	3	4	5
5	劲头足的	1	2	3	4	5
6	内疚的	1	2	3	4	5

(续表)

序号	情绪自测	几乎没有	比较少	中等程度	比较多	极其多
7	恐惧的	1	2	3	4	5
8	敌意的	1	2	3	4	5
9	热情的	1	2	3	4	5
10	自豪的	1	2	3	4	5
11	易怒的	1	2	3	4	5
12	警觉性高的	1	2	3	4	5
13	害羞的	1	2	3	4	5
14	备受鼓舞的	1	2	3	4	5
15	紧张的	1	2	3	4	5
16	意志坚定的	1	2	3	4	5
17	注意力集中的	1	2	3	4	5
18	坐立不安的	1	2	3	4	5
19	有活力的	1	2	3	4	5
20	害怕的	1	2	3	4	5

注：该测试来自上海师范大学沈苹的《"幸福课"对小学生积极情绪的影响研究》中所使用的《积极和消极情绪量表》。

计分方法：

1.将第1、3、5、9、10、12、14、16、17、19题的得分相加得到积极情绪的总分。

2.将第2、4、6、7、8、11、13、15、18、20题的得分相加得到消极情绪的总分。

情绪易低落时,三种方法积累小幸福

方法1:三件好事练习法

这是增加积极情绪的经典练习,坚持一周以上,就能够收获1至6个月的积极情绪效力。父母可以和孩子商量一个固定时间,每天一起回忆今天发生的那些为我们带来良好感觉、积极感受的事情。

> 让我们感到开心和愉悦的事情;
>
> 让我们体验到成就感的事情;
>
> 让我们感到温暖、心怀感激的事情;
>
> 让我们开怀大笑的事情;
>
> 让我们感受到安全、放松和舒适的事情;
>
> 让我们觉得有趣、想去探索的事情;
>
> 让我们感受到希望、觉得未来会更好的事情;
>
> 让我们感受到被激励、鼓舞或者从中获得力量的事情;
>
> 让我们感受到爱的事情……

回忆结束后,可以和孩子一起选择其中的三件好事进行分享。

在分享的过程中,请尽可能详细地描述出这件事情发生

的时间、地点和涉及其中的人物，以及当时心中的感受和想法。孩子们可能会说"今天用心查阅了资料，顺利完成了随笔""今天数学练习完成得不错""今天的学习计划竟然都完成了"……我们可以接着引导孩子将这件好事具体化、细节化：这件好事发生在今天的哪个时间段？你当时在什么地方？跟谁在一起？你是如何完成的？你当时有什么感受？你的心情如何？你当时的想法如何？

方法2：制作幸福蜜罐

如果父母很难每天拿出固定的时间陪孩子进行三件好事的练习，我们也可以灵活地改用另一种方式来进行幸福的积累——制作幸福蜜罐。

准备一个透明的玻璃罐，一些色彩鲜艳的小纸条，将它们固定放在孩子的书桌或书架上。让孩子在自己觉得舒适的时间里，在彩纸上写下每天的"三件好事"，然后将彩纸折叠放入罐子中（见图7）。书写是思维表达的一种方式，三件好事的书写过程更是我们情绪表达、体验幸福的美好过程。更重要的是，幸福蜜罐会帮我们存贮足够多的积极情绪，以备不如意而情绪低落时能重温美好的感受。

图 7　制作幸福蜜罐

方法3：品味美好

"品味"是积极心理学家们发明的一种可以让我们仔细体会美好的放大镜。当我们使用这面放大镜时，美好的事物会变得更美好，积极的事物会变得更积极。

品味美好意味着当好事发生时，我们不仅仅是简单地接受它，还要**全身心地去感受它、体会它，去感受好事来临的那个幸福瞬间**。看到了什么美好景象？听到了什么声音？有没有温暖的触觉体验？闻到或尝到了什么喜欢的味道？……好事的发生，就像一块美味的蛋糕，我们需要细细地欣赏它的颜色、形状、味道、温度、细腻程度等等。这种调动全身感官的沉浸式品味，可以让积极情绪在我们身上停留得更久，积极感受也会被放大3倍。

你会发现，当我们学会了这样做，我们就掌握了主动且有意识地创造积极情绪的钥匙。当我们与孩子一起分享今天发生的好事时，这种沉浸式的重温，会让孩子和我们一起重温它带来的一切美好的感觉。

更重要的是，孩子在这个过程中也会不知不觉、自然而然地学会品味美好与创造美好的方式。当好事再次造访他们的时候，他们就知道如何让自己陶醉其中、如何在与你相处的亲子时光中分享这件好事带来的积极感受。

曾有一位即将中考的初三孩子将她记录下来的幸福瞬间与我分享，她写道："一个很安静的瞬间，仿佛能从妈妈温暖的怀抱中得到想要的一切。雨中格外能感觉到体温的暖。前方的视线有些许模糊，脚边雨滴打出一个个水花，往来的车辆仿佛成了背景，世界很安全，突然感觉即将到来的中考，不管最后结果是什么，我都能接受。"

这是一个微冷的雨夜，她与妈妈共撑一把伞走在回家路上的幸福瞬间。每天10分钟的品味美好时间，会为我们带来意想不到的强大的积极情绪的力量。作为老师，我一直深信，父母给孩子带来的积极情绪，一定会是孩子学习路上的最强助力。可惜现代父母的生活与工作节奏，快到做一件事的同时要想着另一件事。这种惯性导致父母在需要慢节奏的亲子相处中屡屡受挫。

品味美好可以让我们自然而然地慢下来，全身心地倾听孩子的话语，他们的音调音色，他们的用词断句，他们的表情手势、动作举止等等。这种沉浸式的亲子共处，会让我们为孩子创造并留住更多的积极情绪。

品味学习中的美好，可以帮助孩子创造与保持学习的内在动机，可以放大孩子对学习新知识的渴望感，放大他对知识的好奇感，放大他沉浸在学习中的宁静感以及学完之后的成就感。在心理老师的职业生涯中，曾有一个孩子让我印象深刻，那是我第一次遇到能把自己的学习内在动机描述得那么清晰的孩子。

他因为期中考试取得了年级第一而变得焦虑不已。他说自己以前每天都期待来学校，好奇老师会讲什么有趣的知识、会与同学讨论什么有趣的题目……他享受着与同学们一起畅游知识海洋的美妙感受。晚上回家后，他也享受完成家庭作业时的成就感，享受思考的乐趣。可那个年级第一却让他的焦点从单纯的学习快乐转向了对分数的焦虑、对老师和同学如何看待自己的敏感、对下次考试成绩的担忧。

其实，他自己的诉说已经讲出了帮助自己解决问题的方法，那就是重新找回学习的幸福感。我并没有使用过多的心理辅导技术，仅仅与他一起用品味的方式，重温他过去学习的美好，鼓励他尝试找回学习的原动力。令人欣喜的是，期末考试他又取得了年级第一的好成绩。

常怀感恩，让内心更平和

通常来说，当得到他人的帮助或者体验到他人对我们的关怀时，我们心中就会洋溢着感恩之情。这种感恩之情会促使我们对他人表达感谢，或者引发我们的其他感恩行为。

这种激发出来的感恩之情似乎对帮助我们的人很重要，他们会因此收到我们表达出的感谢以及感恩的行为。但事实上，我们所体验到的感恩之情对我们自己尤为重要。感恩可以让我们感受到更多的幸福，对生活更满足。感恩让我们具有更强的自控力，让我们更容易做出对未来有利的选择。

令人惊讶的是，感恩与青少年的自控力、社交关系、生活满意度以及学业成就都有很高的相关性。美国霍夫斯特拉大学的心理学家杰弗里·弗罗对1000名学生进行了调查。研究发现，体验到更多感恩之情的青少年人际关系质量更高，与朋友、家人相处更愉悦，感受到更多支持和帮助，学业成绩表现也更好，学习过程中体会到更多愉悦之情。

幸运的是，我们除了等着感恩之情随机来敲我们的门之外，还可以主动去创造和体验感恩之情。父母多了解一些方法，也会给孩子极大的助力。**写感恩信和感恩日记，便是帮助孩子常怀感恩之情的重要途径。**

我们可以让孩子闭上眼睛，想一想是否曾经得到过他人的帮助，我们的人生是否曾经因他人的言行而变得更加美好。可以让孩子为那个人写一封感恩信，信的内容要具体——可以详细地回顾那个人为自己做过的事，以及这件事如何影响了自己的人生；让对方知道自己的现状，并说明自己如何经常想到对方以及对方的言行；真诚地向对方表达自己的感激之情。

写完信后，孩子可以亲手交给对方，不方便见面的话也可以在合适的时间打电话告诉对方，跟对方交流信的内容。即使这封信最后出于各种原因没能交给对方也没关系。因为写信的过程就是激发感恩之情和体验感恩之情的过程，感恩之情已经在孩子的心中生根发芽了。

除了练习写感恩信，我们也可以带孩子写感恩日记。信不常写，日记却可以天天写。我们可以在晚上睡觉前，与孩子一起感谢那些出现在我们生活中的好人与好事，在日记本上记录、分享自己今天遇到的美好，可以记录美味的食物，一直陪伴我们的亲人、朋友，或者是老师教授的新知识，书中描写的美景或故事带来的美好感受……

日记可以简短，重点在于打开我们的珍视之眼，赞赏我们周围的一切。

第二部分

学习能力：能力越练越强大

第4章
注意力：爱走神，学不进去怎么办？

三年级的小春上课时爱走神，不能集中注意力，因此常受到老师的批评。随着年级的升高，学校功课越来越难，小春的成绩开始跟不上了。小春的妈妈很着急，暗暗观察小春在家的学习表现，发现他学习坐不住，做作业拖拉，学习时也经常又是玩橡皮，又是喝水，又是吃东西……很难全神贯注地学习。

其实小春的问题，也是大多数父母都在关注的孩子的注意力问题。我们还是先来测测孩子的注意力水平吧，请根据孩子最近6个月的表现和你的真实想法进行选择。

小测试

序号	注意力自测	没有	偶尔	经常	一直
1	完成学校作业或其他任务时，不能注意细节，容易因粗心而出错	0	1	2	3

（续表）

序号	注意力自测	没有	偶尔	经常	一直
2	在进行游戏活动和学习任务时，难以集中注意力	0	1	2	3
3	难以完成学校的作业、值日等任务	0	1	2	3
4	难以组织各种活动或任务	0	1	2	3
5	对需要付出努力的课业或家庭作业难以投入	0	1	2	3
6	在家中或学校丢失与学习有关的物品	0	1	2	3
7	容易因与当前无关的刺激而分心	0	1	2	3
8	在日常生活中经常丢三落四	0	1	2	3
9	难以安静地参加或投入游戏活动	0	1	2	3
10	问题还没有说完，就开始抢先回答	0	1	2	3
11	在需要轮流进行的活动中，没有耐心等待	0	1	2	3
12	打断或打扰别人的谈话或活动	0	1	2	3

计分方法：

每道题按照所选的选项对应的分值计算得分，问卷得分是所有题目得分之和。得分越低，注意力水平越高。如果分数达到20分及以上，意味着父母需要关注孩子的注意力问题。

2016年，美国著名计量经济学家詹姆斯·赫克曼对"人生成功的要素是什么"进行了分析。他收集了几万个孩子的智力测试和性格测试结果，并对孩子们几十年后的成就、收入和健康状况进行追踪分析。结果显示：**人生成功的要素中，最重要的并不是聪明的大脑，而是能够专注于重要事情的能力，也**

就是我们所说的注意力。

注意力在孩子的学习中起着至关重要的作用,孩子的观察力、记忆力、创造力、思辨力的培养都必须以注意力为基础。注意力出色的孩子通常学习效率更高,完成的学习任务更多,知识消化理解更到位,知识记忆也更牢固。

诺贝尔奖得主、认知心理学家赫伯特·西蒙曾指出:"接收信息消耗了人们的注意力。因此,信息越多,人们的注意力就越弱。在如今信息量激增的社会中,注意力将会成为我们最重要的资产。"本章中,我们将从**游戏训练**、**任务管理**、**情绪稳定**、**高效休息**四个方面,介绍提升孩子注意力的实用方法与技巧。

让孩子乐此不疲的游戏训练法

游戏是儿童最喜欢的学习方式之一,对于还没有进入学龄期的孩子,父母可以更多地采用游戏的方式来增强孩子的注意力。

方法1:找五官与找不同

这两种游戏都是既有趣又有效的训练孩子注意力的方法。

找五官游戏,需要孩子对自己的五官比较熟悉,而且能基本听懂父母的指令。基本游戏规则是:孩子将食指轻轻放在起始位置鼻子上,父母按照"鼻子、鼻子、眼睛"或"鼻子、鼻子、耳朵"这样的句式,发出"鼻子、鼻子、五官之一"的指令,让孩子根据最后一个五官的名称,迅速将食指移动到相应的位置上。

随着游戏熟练度的提高,我们可以逐步提升游戏难度,将指令调整为按照顺序触摸五官,比如"眼睛、耳朵、嘴巴"。为了增加节奏感与趣味性,父母可以将孩子的另一只手掌心朝上,轻轻地握在手里,边发出指令,边根据指令的节奏轻拍孩子的掌心。

找不同游戏则可以借助绘本阅读来进行,借助专门的找不同的游戏书,在玩乐中训练孩子的注意力。

方法2:划字游戏与复述游戏

孩子逐渐长大,等到他们能识别数字和文字后,我们可以加入跟数字或文字相关的注意力游戏——划字游戏与复述游戏。

父母可以在纸上写下由一长串数字组成的字符串,要求孩子将某一指定的数字用"\"符号全部划掉。例如,设定356472536479864172354676353426698707166763265465这样一串数字,请孩子划掉里面所有的"6"。

除了划数字,我们还可以划文字——让孩子从指定的文章中划掉指定的汉字，比如"的"或者"了"。我们可以与孩子一起制作这类划字游戏的材料，在纸上手写数字与文字的过程，也是孩子观察与模仿学习的过程，他们可以看到数字与文字的书写步骤。

在亲子旅途或日常的排队等待时间，父母也可以用复述的方式与孩子一起玩这种有趣的数字与文字小游戏。比如，父母念一串数字"294851"，让孩子倒着复述"158492"；父母也可以念一组数字和文字相结合的信息，比如"7天6纸2车9水"，让孩子复述其中的数字"7629"或者文字"天纸车水"。

注意力就好像肌肉，需要在不断、有效的重复锻炼中慢慢加强。

方法3：舒尔特方格

舒尔特方格训练法最早被用于训练飞行员、宇航员的注意力。它操作起来很简单，效果却很显著，可以作为有趣的亲子互动游戏。

舒尔特方格由25个小方格组成，小方格里随机填写阿拉伯数字1到25，如图8所示。

7	15	11	17	24
13	1	16	22	3
6	21	9	25	18
14	12	2	4	23
8	20	5	19	10

图8 舒尔特方格

训练时,孩子需要在适当的距离内注视表格,用手指按1至25的顺序依次指出数字的位置,并诵读出声。数完25个数字所用的时间越短越好,因为时间越短,意味着孩子的注意力水平越高。

刚开始训练时,不管是孩子还是父母用时都会比较长。随着训练次数的增多,孩子的用时会越来越短,这就是注意力得到提升的表现。训练时我们需要遵循由易到难的原则,先从9格开始(见图9),熟练后再使用16格(见图10),最后调整为25格。

舒尔特方格训练法适合全年龄段的人群使用。不过,方法虽好,父母也需要注意保护孩子的视力,**孩子看完一个表格后,最好让眼睛休息一下**,再开始下一个。

5	7	4
8	3	6
1	9	2

图9 9格舒尔特方格

3	8	13	15
10	16	1	6
11	2	7	14
4	9	12	5

图10 16格舒尔特方格

让大脑感觉良好的四种任务管理法

影响孩子注意力时长的因素：一个是孩子本身的能力，另一个则是注意力集中的对象。如果学习的内容非常复杂，就会让人产生畏难情绪。孩子享受不到成就感或回报感，也就难以集中注意力。所以，父母需要帮助孩子**将学习任务包装、设计成有足够吸引力的样子。**

方法1：打败"拦路虎"的心理预案

孩子完成学习任务时，往往是孩子注意力不集中的高发时间。注意力一旦中断，想要恢复通常需要十几分钟的时间。所以，父母若想帮助孩子打败高效学习路上的"拦路虎"，就需要和孩子一起，**制定能帮助孩子专心完成学习任务的心理预案**。制定心理预案的核心内容是讨论出在完成学习任务的过程中可能遇到的阻碍以及应对这些阻碍的策略。

2011年的一项心理学研究曾指出，心理预案可以使目标完成度提高200%～321%。

每晚写作业前，我们可以先和孩子一起讨论在完成学习任务过程中可能会遇到的阻碍，比如"想看手机""想偷懒"等等。如果孩子一时想不出来，我们可以借用以下问句进行引导：有没有什么想法会阻碍你完成作业？有没有什么行为会阻碍你完成作业？有没有什么习惯会阻碍你完成作业？有没有什么感受或情绪会阻碍你完成作业？

在尽可能全面地写下孩子会遇到的阻碍后，我们更重要的任务是与孩子讨论出克服阻碍的对策。

比如，想看手机怎么办？孩子可以选择把手机交给父母保管。如果不想交给父母保管，可以放在客厅、关掉声音或者锁在抽屉里。在写作业的过程中，想偷懒怎么办？让孩子想想写不完作业的后果以及第二天到学校要面临的批评，或者双方约定好，偷懒的话会付出零花钱变少的代价。写作业的时候经常走神怎么办？孩子可以把学习的目标写下来，贴到书桌上时常提醒自己……

父母要与孩子一起讨论，通力协作是心理预案顺利制定的重要保障因素。

注意力喜欢"畅通无阻"的任务，如果每当在学习中遇到阻碍时，都有游戏里那样帮助孩子通关的"装备"，那么孩子就可以在学习中拥有持久的注意力。

心理预案无疑就是父母帮孩子收集的通关"神器"和"装备"。

方法2：用问句来制定任务

父母跟孩子一起制定学习任务时，可以尝试将任务描述转换成包含**具体执行人姓名、具体执行时间、具体执行地点以及具体执行内容**的问句形式。

比如，我们制定的学习任务是"周末背诵50个英语单词"，转换成具体的问句形式就是："小春（具体执行人姓名）周六上午9:00在书桌前背诵50个英语单词吗？"

疑问句能调动我们行动的积极性。被提问时，我们的大脑会反射性地开始寻找答案。一项基于51篇相关文献的元分析[1]

---

[1] 元分析（meta-analysis）：一种统计方法，是对众多现有实证文献的再次统计，通过对相关文献中的统计指标利用相应的统计公式，进行再一次的统计分析，从而可以根据获得的统计显著性等来分析两个变量间真实的相关关系。

曾指出:"比起陈述句,疑问句更有改变行动的力量。"

此外,我们在问句中加入了具体执行人的姓名、具体执行时间、具体执行地点、具体执行内容等信息,这种具体化可以大大提高孩子的执行意图,也就是让孩子更明了该怎么去完成这个任务。孩子的注意力更喜欢维持在这种足够具体的学习任务上。

将学习任务转换为"神奇的具体问句"后,如何让它一直发挥效用呢?我们可以把问句写成提示卡,贴在书桌或者床头等孩子经常能看到的地方。我们还可以在提示卡上加入视觉元素,比如孩子喜欢的符号、颜色、图形、动漫人物、宠物照片等,提高孩子的关注度和完成率(见图11)。

第4章 用问句定任务

1. 小春今晚8:00—9:00在学习桌前写数学作业吗?

图11 用问句制定任务

方法3：任务想象法

注意力喜欢"问句式提醒"，更喜欢"充满画面感的具象内容"。想要增加学习任务对孩子注意力的吸引度，父母可以帮助孩子将学习任务的执行过程更具体地想象出来，比如让孩子尽可能真实地在脑海中描绘出完成学习任务的具体过程：先做什么？再做什么？过程的想象要尽可能地具体详尽。

还是以"周末背诵50个英语单词"的任务为例，家长可以让孩子在脑海中想象并说出自己的执行过程："周六早上，我一如既往地被闹钟叫醒，穿上宽松的运动休闲装，洗漱完毕开始吃妈妈做的美味早餐。吃完早餐后，我要在客厅里散步10圈，然后走到书桌前，把单词书和学习用具都摆好，翻到需要背诵的单词页面，开始背诵。

"我会先通读一遍，将需要背诵的50个单词抄写到本子上，抄写的时候我能听到铅笔画在本子上的沙沙声。抄写完后，我要再通读3遍，用一张白纸盖住中文释义，尝试回忆释义。回忆的过程中，我有点紧张，但也有惊喜。中文释义对应无误后，我再盖住英文部分，尝试回忆单词，反复几次，直到我可以默写下来……"

像这样，孩子把学习任务的完成过程想象得越具体、越生动，就能够越顺利、越专注地完成任务。

方法4：计时学习

计时学习是训练孩子在规定的时间内集中注意力完成相应学习任务的方法。

每次学习开始前，让孩子为自己的学习任务规定一个完成时限，比如20分钟完成3页数学练习册，7:30—8:00完成一篇课文的背诵。

刚开始使用这种方法时，孩子可能到了规定的时间也完成不了任务。因此，使用此方法的初期，父母需要陪伴孩子，询问孩子在使用过程中的感受，鼓励孩子并向其解释：完成不了也是十分正常的情况。

如果孩子之前没有关注过自己的学习速度，那么其对时间的预估极有可能出现偏差。所以，最初阶段的试错可以让孩子更好地了解自己的学习速度，并在此基础上逐渐找到合理的时限。

合理的时限会让孩子感觉到适度紧张，但又在他们的能力范围内，也就是我们通常所说的"跳一跳就够得着"的目标。随着注意力提升，孩子的学习速度也会加快，合理的时限也会缩短。

计时学习可以适度增加孩子学习过程中的紧张感，增强他们对时间的掌控感，也会让孩子更加专心、注意力高度集中。如果计时学习的时限是公之于众的，比如孩子把"我要在……

之前完成……"告诉了同学或老师,那么其注意力会更加集中,学习效果也会更好。

适度的时间压力和他人监督的压力,都可以成为孩子集中注意力的助力。

保持情绪的稳定,试试神奇的数字5

情绪是注意力的稳定器。然而学习的时候,孩子的情绪很容易被涌入脑海中的想法扰动,比如"看手机吧""吃东西吧""躺下休息一下吧"等想法很容易让孩子产生冲动情绪;而"我又写错了""怎么还有这么多作业""这次我又考得不太好"等想法则容易让孩子产生焦虑情绪。

孩子一旦被这些头脑中的声音和想法带走,学习的注意力就会中断。所以,教会孩子如何与**内心的声音**、想法共处,是帮助孩子提升注意力的必修课。

神奇数字5可以让孩子与内心的声音和想法保持距离,从而更好地集中注意力。它有两种使用方法。

方法1:不想学习的时候,立刻在脑海中倒数5个数

"5、4、3、2、1",数到1的时候立刻开始写字。这种方法可以让孩子与那些影响学习的声音与想法保持距离,不去为

它们投入过多的精力。父母可以教孩子，一旦觉察到自己的学习注意力被冒出的想法和念头干扰，就自动地倒数5个数，然后继续学习。

父母可以把这种方法写成提示卡，贴在孩子的书桌上，让孩子常常看到，建立条件反射的自动化反应。

方法2：用0~5来评估和记录自己的情绪

当意识到内心的情绪发生变化，比如无聊想看手机，或者焦虑担心自己不够好时，我们可以用0~5分的方式评估自己的情绪强度——强度最大为5分，没有任何感觉为0分。比如，现在内心无聊的强度大概有2分，焦虑的强度有4分。

对自己的情绪进行评分和记录的过程，可以帮助我们恢复理性，达到与情绪保持距离的效果。评分后，父母可以引导孩子与自己进行对话：原来现在的我有2分的无聊和4分的焦虑情绪。好的，我知道了，接下来可以继续认真地学习啦。

我的学生们很喜欢这种方法，有学生反馈说："这样评分和记录后，情绪感觉得到了关照和安慰，就慢慢地消退回去了。以前我想强制把它们压抑回去，但它们好像调皮的小孩子，越来越闹腾。"

两种方法达成高效休息，提升注意力

长时间专注学习，会让孩子身心疲惫。疲惫时想要保持注意力很困难，因为那时大脑无法运转。所以，学会正确休息也是孩子恢复和补充注意力的必修课。

方法1：渐进式放松休息法

渐进式放松休息法是心理咨询中比较经典的肌肉放松训练法。父母可以在孩子需要休息时，与孩子一起体验。孩子可以坐在椅子上，或躺在床上，一边慢慢地呼吸，一边按照从上到下的顺序依次放松身体，指导语可参考下文。

"好，让我们舒适地坐着或躺着，慢慢地深呼吸3次，现在将注意力集中在我们的面部，先来放松一下我们的额头。放松，放松，感受一下你额头周围的肌肉，让肌肉逐渐松弛下来。如果你找不到肌肉放松的感觉，可以先让额头肌肉用力收缩，坚持5秒钟，5、4、3、2、1，然后再试着完全放松。"

"很好，接下来，让我们将注意力集中到眼睛周围。放松，放松，如果你感受不到，你也可以尝试闭着眼睛眨眼或想象自己的眼球下沉到头部深处，然后再完全放松。接下来，我们尝试放松嘴部的肌肉群。如果感受不到，你可以尝试抿嘴坚持5秒钟，5、4、3、2、1，很好，放松，完全放松。"

"接着，我们将注意力放到肩膀上，肩膀肌肉要放松，慢慢下垂，向下沉，如果感受不到，你可以先尽力使双肩向耳朵方向上提，坚持5秒后，完全放松，放松，下垂。将我们的注意力集中到手臂上，尝试放松，如果感受不到，你可以双手握拳，用力5秒钟，然后再松开手，完全地放松手臂。"

"现在，我们的注意力来到双腿，让双腿肌肉完全放松，腿的重量全部压在椅子上、地板上或床上，如果感受不到，你可以绷紧双腿，使脚后跟悬空，持续5秒钟后放松，去仔细体验这种放松的感觉。最后，我们的注意力要扩展到全身，去感受整个身体的放松。"

方法2：呼吸训练与休息法

呼吸训练与休息法可以让我们的大脑感受到宁静、平和以及充分的休息。呼吸练习的优势在于方便，我们随时随地都在呼吸，它可以随时成为我们注意力的锚定点。呼吸练习的指导语可参考下文。

"好，现在让我们后背自然挺直，肩膀自然下垂，双脚平放在地面上，双手平放在膝盖上，眼睛闭上或者目光下垂，让我们带着好奇开始观察自己的呼吸，注意我们每一次的吸气、每一次的呼气。在这个过程中，你可以选择重点关注自己的腹部或胸部的起伏，也可以选择关注吸气与呼气时空气在鼻腔中流动的感觉。不需要刻意地去控制你的呼吸,就让呼吸自然地发生。很好,吸气、呼气,吸气、呼气。"

大约一分钟后,请继续指导语:"很好,我们就这样轻松地安坐在这里,如果走神了,你要慢慢地回归过来,回归到我们的呼吸上。"

呼吸训练每次可持续5至10分钟。快结束的时候,我们可以说:"现在,慢慢地让自己放松下来,什么都不要想,什么也不要做。慢慢地,将我们的注意力转回到我们周围的声音与环境中,慢慢地睁开眼睛,适应周围的光线。好,今天的呼吸训练结束了。"

以上两种方法既是可以缓解身心疲劳的休息法,也是一种很好的注意力训练方法。跟随指导语将注意力持续地投注到身体感受或者呼吸上,本身就是锻炼注意力的过程。需要特别强调的是,做呼吸训练的初期,孩子很可能会发现自己经常走神,这是很正常的事情。如果觉察到自己走神了,把注意力拉回到呼吸的过程中即可,这是提高注意力水平的必由之路。我们的"注意力的肌肉"就是这样锻炼的。随着训练次数的增加,走神的次数一定会慢慢减少。

第5章
记忆力:记不住、忘得快怎么办?

有些父母会发现,孩子上学后丢三落四,上课听完就忘,背课文、背古诗都要花很长时间,还记不准确。一起来了解一下自己孩子的记忆水平吧,不用过多思考,让孩子按照自己的实际情况填写即可。

小测试

序号	记忆力自测	很不符合	不太符合	比较符合	完全符合
1	以前背诵过的课文我能记很长时间	1	2	3	4
2	我很容易记住新同学的名字	1	2	3	4
3	我能正确地记住一串陌生的手机号码	1	2	3	4
4	上次考试的错题,我很少会再次做错	1	2	3	4

(续表)

序号	记忆力自测	很不符合	不太符合	比较符合	完全符合
5	我不用笔记录,就能准确地记住老师布置的每一项作业	1	2	3	4
6	我能把我听过的故事准确地讲给别人	1	2	3	4
7	看到一句古诗,我能想到它的前一句或者后一句	1	2	3	4
8	我能找出课文段落之间的联系,并总结段落大意	1	2	3	4
9	以前学过的英语单词我还能默写出来	1	2	3	4
10	我能快速地记住数学公式、古诗词等	1	2	3	4

计分方法:

每道题按照孩子所选的选项对应的分值计算得分,总分是所有题目得分之和。

总分为30~40分表示记忆力较强,总分为15~29分表示记忆力一般,总分为10~14分表示记忆力较差。

> 孩子记忆力水平怎么样?_____
>
> 你认为孩子的记忆力可以提升吗?_____
>
> 如果你认为记忆力可以提升,那么你知道哪些方法能够起作用?
> _____

本章我们将从把握记忆过程、抓住记忆规律以及将记忆情境化三个方面,教你如何训练孩子的记忆力。

把握记忆过程

方法1：计划记忆法

很多孩子在记忆知识的时候很盲目，背多少算多少，根本没有计划。这样记忆，孩子不仅容易感到疲惫，还会降低记忆效率，记忆效果自然不佳。

心理学家彼得逊教授做过一项试验：他选了两班学生，把一件事情同时告诉他们，并要他们记忆。他对第一班的学生说"两小时后要测验"，对第二班的学生则说"两周后要测验"。两个小时后，他让两个班一同参加测验，结果第二班的成绩不如第一班。两周以后，他再测了一次，这回第一班的成绩又不如第二班了。这个实验告诉我们：如果记忆有目的、有计划，注意力就会格外集中，记忆的效果就会更好。

因此，在孩子记知识时，父母要帮助他们制订**较为明确的目的和计划**。比如，在某一个复习阶段或者某一段时间内要记忆哪些内容、要达到怎样的记忆效果，以及在记忆多长时间之后再对这一部分内容进行复习等，这些最好都有一个明确的计划。

又如，孩子需要背诵一篇古文，父母可以询问孩子记忆这篇古文的时长大概是多久，预计多长时间可以流利地背诵下来。如果孩子说需要一个小时，父母可以对孩子的记忆过程进行计时，并在记忆结束之后对其记忆效果进行检查。

父母还可以融入一些游戏的元素，比如故意把孩子的记忆时间说长，和孩子打赌看看谁能猜对最后背完的时间。父母也可以和孩子比赛记忆这篇古文，看看双方谁先背下来，当然，父母可以悄悄放慢节奏，让着孩子，这样孩子会在记忆的过程中体验到成功的喜悦。

运用计划记忆法，既能增加孩子的紧迫感，又能促使孩子集中注意力，高效地完成记忆任务。

方法2：理解记忆法

捷克著名教育家扬·阿姆斯·夸美纽斯说："学生首先应当学会理解事物，然后再去记忆。只有彻底明白并且记住的东西，才能看作心理的财产。"

父母帮助孩子记忆的时候，一定要先鼓励孩子**吃透其中道理和逻辑关系，再去记忆**，这就容易很多了。想要吃透、理解需要记忆的内容，可以参考以下五步法。

1. **了解大意**。记忆任何内容前，一定要先搞清楚它到底讲了什么。背课文，要先浏览或通读几遍；背乐谱，至少要先完整地听一遍。只有了解全貌，才能形成整体的印象，才好对局部进行深刻的理解记忆。

父母帮助孩子背古诗的时候，可以先让孩子读3至5遍，帮孩子从网上搜集一些通俗易懂又风趣幽默的讲解视频，从而让孩子对古诗创作的时代背景有了解，形成初步的古诗印象。

2.**局部分析**。孩子对记忆材料有了大致的了解后，要逐步深入理解。

比如一篇议论文，孩子要理解它的论点、论据、文章结构、每个部分的中心大意；又如一首古诗，孩子要理解它的整体内容、时代背景、创作意图、描写顺序、每句所表达的意思；再如一个定理公式，孩子要理解它的具体含义、适用范围以及其中每个符号所代表的含义；而一段历史知识，孩子要弄清楚这段历史所处的年代、发生的前因后果、带来的历史启示；等等。

父母可以让孩子在不看原文的基础上先把记忆材料试着讲一遍，这样也能增强孩子对记忆材料进行局部分析的能力。

3.**寻找关键**。韩愈《进学解》中说："记事者必提其要，纂言者必钩其玄。"即寻找文中的关键点。

孩子对记忆材料进行局部分析后，下一步就是要找出并牢牢记住材料里的要点、关键和难点。比如，圈画出文章、诗歌、定理里的关键词，找出历史材料中的关键事件或关键时间点，对这些信息进行重点记忆。

4.**融会贯通**。融会贯通是将前面理解和记住的局部内容，联系起来反复思考，达到全面的理解。这样更有利于加深记忆。

比如背课文时，思考作者的描述是按照时间顺序还是空间顺序，思考作者写作的整体思路是什么等等。如果孩子对融会贯通感觉困难，父母也可以采用图12中更具体的操作步骤：

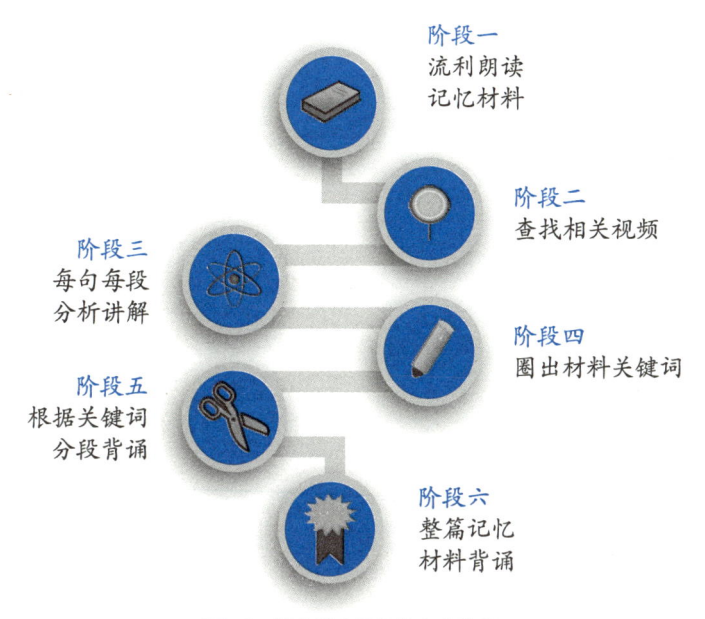

阶段一 流利朗读记忆材料

阶段二 查找相关视频

阶段三 每句每段分析讲解

阶段四 圈出材料关键词

阶段五 根据关键词分段背诵

阶段六 整篇记忆材料背诵

图12 通向融会贯通的六个阶段

5.**实践运用**。真正的知识需要在实际生活中可操作才有价值。如果应用过程中总"卡壳"，说明还没有真正地理解。我们可以通过两个标准来判断孩子是否真的理解：一是能否用简洁的语言和文字去解释记忆材料，二是能否找到记忆材料可以运用的场景或场合。

孩子背古诗《咏柳》，父母可以让其用自己的语言简要地说出诗句的大意，比如"柳叶绿，挂得高，柳叶多，柳叶细长"；父母还可以引导孩子说一说可以在哪些情景下运用这首诗，比如可以用来形容春天的公园，也可以用在带"春""绿"等字的古诗飞花令中。

方法3：比较记忆法

比较记忆法是对相似而又有所不同的知识进行实际的分析理解，弄清其相同点和不同点，以达到记住知识的目的。比如13的平方是169，14的平方是196；又如地球的陆地面积约是1.49亿平方千米，而太阳与地球的距离约是1.49亿千米。

通过相似知识的比较，即便是复杂的数据或者知识，孩子也能记得又快又好。

比较记忆法还有以下几种：

对比法。将相互对应的事物放在一起，形成鲜明的差异，这样更容易在大脑中留下清晰的印象。例如小学语文学习中，老师会教给孩子们很多反义词：快乐—悲伤，严寒—酷暑，温暖—凉爽等等。

如果孩子在读初中或高中，那么父母只需要把这种方法教给孩子，让他们自己去整理相关的比较内容。这样一来，记忆效果就会更加深刻。

类比法。很多知识表面看起来相似，却有着本质的差异，这时，我们也可以找出不同点来进行比较。比如，年龄小的孩子学到"请、情、睛、清、晴"等生字，这些字里都有一个"青",只是偏旁不同,很容易混淆。父母不妨把这些字放在一起进行类比,告诉孩子:"请人必须用嘴,所以要用言字旁;感情要用心,所以要用竖心旁;晴天不能没太阳,所以要用日字旁;清水不能没有水,所以要用三点水;眼睛怎么能少了目,所以要用目字旁。"父母可以让孩子把平时学习中容易混淆的知识放在一起,好好地类比,找出其中的相似点和不同点,再去记忆,这样就会容易很多。

对照法。指同类材料的不同表达方式之间的比较,通过这样的横向比较,能够加深我们对材料的印象。比如,英语中的 look for 和 find 都有"寻找"的含义,但是 look for 更偏向于寻找的行为,而 find 更偏向于寻找的结果。我们父母要帮助孩子做个有心人,把同类材料放在一起对照,让孩子在记忆时能够事半功倍。

顺序法。指新旧知识之间的比较,接触新知识时,把它与头脑中已有的知识相比较,看它们之间的联系、相同之处与不同之处。比如,孩子学完了《天净沙·秋思》,父母可以让孩子把其中的"枯藤老树昏鸦"与此前学过的《咏柳》进行比较,问问孩子:"此时的场景和'碧玉妆成一树高,万条垂下绿丝绦'有哪些不同?"

比较记忆法可以帮助孩子发现很多知识或事物之间的关联,从而学会主动发现和归纳,从知识的共同点或相似点中寻找突破口。这样一来，记忆知识不仅简单快捷，而且印象深刻、准确率高，还不容易混淆。

方法4：概括记忆法

概括记忆法是把要记忆的材料进行浓缩概括，抓住关键并提炼精华的一种记忆方法。概括记忆法通常适用于记忆内容较为复杂、系统或深奥的知识，它要求孩子必须具备较强的思维能力和概括能力。

比如，学习中国古代史的井田制时，父母可以鼓励孩子将其内容浓缩为"国王所有，诸侯享有，奴隶耕作，形似'井'字"，或者进一步浓缩为"王有，侯有，奴耕，'井'字"。这样，只要记住关键字词，就能回忆起这段较长材料的整体信息了。

运用概括记忆法要注意两点：一是一定要在孩子熟悉和理解内容的基础上加以提炼和概括；二是浓缩前要考虑所浓缩的内容是否属于必须掌握的重点内容和基本内容，否则就相当于舍本逐末，无法发挥浓缩的"刀刃"作用。

抓住记忆规律

方法1：遗忘曲线记忆法

德国著名心理学家赫尔曼·艾宾浩斯以自己为实验对象，

对记忆和遗忘进行了长时间的研究，最终发现了记忆遗忘规律，并绘制成了著名的艾宾浩斯遗忘曲线。

艾宾浩斯发现，遗忘的规律是先快后慢。记忆之后的短时间内遗忘速度快且遗忘内容多，之后遗忘速度会逐渐变慢且遗忘内容逐渐减少。从记忆到复习的时间间隔越长，重新恢复记忆需要的时间就越长，在时间的运筹上就越不划算。因此，他提醒人们：**记忆材料后，一定要及时复习，这样才能事半功倍**（见图13）。

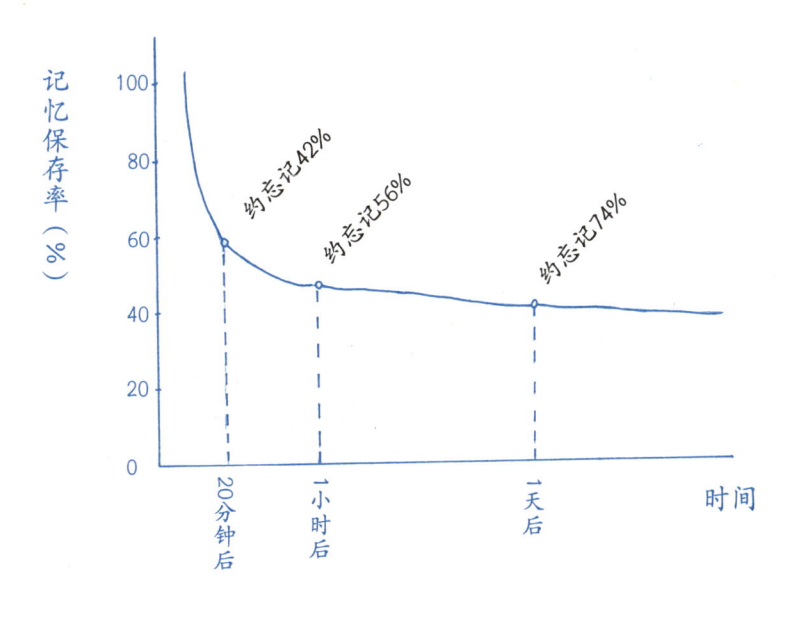

图13　艾宾浩斯遗忘曲线

根据艾宾浩斯遗忘曲线，科学家们的建议是：记忆材料之后，20分钟后复习第1次，1个小时后复习第2次，1天后复习第3次，1周后复习第4次。这样复习下来，不仅能节省更多的学习时间，还有良好的学习效果。

我国著名文学家丰子恺学习外文时，就参考了遗忘曲线记忆法。他要求自己将每篇课文都读22遍：第1天读第1课10遍；第2天读第2课10遍，第1课5遍；第3天读第3课10遍，第1课5遍，第2课5遍；第4天读第4课10遍，第1课2遍，第2课5遍，第3课5遍。这样，每篇课文进行4轮学习，随后做上记号并继续下面文章的学习。几个月后，丰子恺已经能阅读外文长篇小说，并从事翻译工作了。

我们也可以根据艾宾浩斯遗忘曲线，结合丰子恺的读课文方法，为孩子设计每天的记忆任务，通过反复复习、减少遗忘的办法，达到增强记忆力的效果。

方法2：朗读记忆法

朗读记忆法是**将需要记忆的知识有感情地大声朗读**出来。孩子朗读时，不仅视觉器官发挥作用，包括听觉器官在内的多个感官都会被调动起来，大脑里大部分的神经细胞也会被调动起来，充分参与到记忆活动中，对强化记忆力有显著的作用。

加拿大蒙特利尔大学的研究团队曾经找来44个大学生，分为4组，让他们阅读屏幕上的文字。屏幕上的文字相同，但4组大学生的阅读方式不同：第1组被要求默读，即在脑海中阅读，不能发出声音，也不能表现在唇齿上；第2组被要求默读，但可以表现为唇语；第3组被要求读出声来；第4组则是大声朗读，至少要让身旁的人听到。如此经过一段时间后，研究团队发现，第1组的记忆效果最差，第4组的记忆效果最好，而第3组的记忆效果次之，这就是听觉器官同时参与记忆的结果。

方法3：分散（头尾）记忆法

分散（头尾）记忆法是**把不同性质的记忆材料按照时间分配，交替进行记忆**的方法。

孩子常常会长时间记忆一门学科知识，直到完全记下来。但其实这不是科学的方法。因为相同性质的材料对脑神经的刺激过于单一，大脑会感觉单调乏味，从而引发疲劳，孩子会感到头昏脑涨，容易分神，所以记忆的效果并不好。

有人曾做过一个实验，将1天读68遍才能背下的长篇材料拆解，每天读几段，结果只需要在3天之内读38遍就可将其全部背过。因此，针对长篇记忆材料，与其打突击，不如分而治之，每天记一点，省时又省力。

其实学习也有这个特点，与其一口气让孩子将一门学科突击到底，不如**让孩子交替学习不同的学科**，这样才能**维持大脑的兴奋状态**，使学习效果更好。

心理学研究表明，在记忆过程中，先前学习的材料对记忆后学习的材料会有干扰作用,这叫"前摄抑制";后学习的材料对回忆先前学习的材料也会有干扰作用,这叫"倒摄抑制"。这个研究也能解释为什么集中记忆不如分散记忆效果好。

同时,这个理论还可以从两个方面应用到实际记忆和学习中去。

第一,一篇文章中最好记忆的部分是开头和结尾,因为它们受到的干扰更少。所以,每次记忆时不要总是从开头开始,而是要选一段中间部分的材料开始。背单词时,不要每次都从字母A开始,可以今天从字母B开始,明天从字母C开始。这种乱序的背单词方法能够让孩子感觉新鲜,也能提升记忆的效果。

第二,要用好早上刚起床和晚上临睡前的时间。早晨是一天的开始,记忆基本不受前面知识的干扰。睡前记忆效果好则是因为孩子记忆完就去休息了,记忆不受后面知识的干扰。

孩子记忆较长的材料时,父母可以帮助其根据分散(头尾)记忆法,分几天去完成。比如,老师周一布置了背诵长篇课文的任务,要求孩子周五到校检查。父母可以让孩子周一晚上先读几遍,把课文读熟并了解这篇课文的大概意思;周二晚上继续熟读,同时让孩子细致到每一段,弄清楚每一段的中心思想以及段落之间是如何过渡的;周三晚上分段来背,同时在睡前和周四早上加以复习和巩固;周四晚上进行整篇记忆,同时继续在睡前和周五早上进行复习巩固。

使用这种科学的记忆方法,孩子每天的记忆任务并不多,记忆的效果却很好,也会对自己的记忆力增强信心。

记忆情境化

方法1:情境记忆法,加强记忆的印象

情境记忆法是一种将所学知识与情境中的所见所感完美结合的记忆方法,它能够加强人的记忆印象。

人的大脑分为左脑和右脑。左脑负责语言、逻辑思维;右脑负责形象思维,右脑的记忆能力是左脑的100万倍。右脑可以把需要记忆的场景和事物以照相机拍照的形式转化为图像进行记忆。需要再现的时候,保存的图像就会自然浮现于大脑中。

情境记忆法中的情境可以通过书中的插图、卡片、真实场景、想象、自行绘画等多种方式构建并转化为画面。

六月二十七日望湖楼醉书

[宋] 苏轼

黑云翻墨未遮山,白雨跳珠乱入船。

卷地风来忽吹散,望湖楼下水如天。

这首诗是小学生必背古诗,并不算长,但用概括记忆法的效果可能不会太好。这首诗是写景的,如果父母能帮孩子突出

诗里的画面感，那么孩子记忆起来就很简单。先让孩子通读全诗，明白这首诗的白话文翻译，再让孩子自己用简笔画勾勒出一幅画面：乌云密布，远处的山若隐若现；暴雨打在船身上，反弹起来像珍珠一样发白；一阵狂风把暴雨吹散，望湖楼下的水倒映着蓝天。

接下来盖住书，让孩子根据画去回忆诗的内容。如果有卡壳或者背不出来的地方，再回到书上重点看几遍。很快，孩子就能把这首诗完整地背下来了。

方法2：联想记忆法，让记忆充满趣味

联想记忆法是利用右脑的图像功能，**将抽象的知识转化为具体的图像，再利用左脑的逻辑功能，将图像进行联想的记忆方法**。联想记忆法适用于记忆量大且彼此间没有明显联系的知识，使用时要遵循以下三个要点：

第一，联想要夸张、荒诞、离奇。

第二，要找到适合自己的联想方式，如果对夸张、荒诞的联想产生抗拒感，可以尝试进行合理的联想。

第三，以熟记新，用自己最熟悉的事物与新的事物进行联结。比如，记忆以下几个国家的首都可以这样进行联想：

越南—河内：月亮的南（越南）边有条河，内（河内）面长满了芒果。

韩国—首尔：韩国人非常重视保养，连手和耳（首尔）都不放过。

老挝—万象：我们抄了敌人的老窝（老挝），缴获了一万头大象（万象）。

日本—东京：日本有很多人捕鲸，有次捕到了来自东海的大蓝鲸（东京）。

孩子的想象力和创造力通常都很丰富，非常适合使用联想记忆法。父母可以鼓励孩子大胆地联想，越是那些看似荒诞不经的想法越要肯定和鼓励，父母的重点始终是帮助孩子记得快、记得牢。

记忆的方法很多，父母耐心地引导和训练，一定可以帮助孩子找到适合自己的记忆方法，让记忆变成一件既容易又快乐的事！

第6章
思维力：扩展思维的宽度和深度

读初一的小智平时学习很努力，课堂上也认真听讲，尽量不放过老师所说的每一个字。

但令人遗憾的是，小智的学习成绩一直没有什么起色，他非常郁闷——为什么自己做题时一看答案就会，自己思考时就完全找不到思路，做不出来？小智感觉题目给出的每条信息他都能看懂，但就是不知道该怎么解题。经过一段时间的心理辅导，我发现小智最大的困难在于他很难抓住问题的主要矛盾，无法快速厘清重点，难以找到问题的本质，因此小智最需要培养的是自己的思维力。

请孩子根据自己实际学习过程中的情况选择相应的答案。

小测试

序号	思维力水平自测	从不	很少	一般	经常	总是
1	在学习课程和完成习题时,能鉴别出关键的信息	1	2	3	4	5
2	可以发现新、旧知识之间的联系	1	2	3	4	5
3	可以从老师创设的情境中分析出相应的原理或规律	1	2	3	4	5
4	当遇到较难的问题时,能够分析核心要素,厘清思路,在头脑中形成初步的解决方法	1	2	3	4	5
5	能将所学的知识内容进行梳理,进行归纳总结	1	2	3	4	5
6	能理性看待所学知识,对所学知识或书上的说法提出疑问	1	2	3	4	5
7	通过老师的课堂讲解和演示,能够准确找到自己在思考过程中的不足,并进行反思和调整	1	2	3	4	5
8	能够根据现有知识提出新的问题,并通过所学知识做出推断,积极解决问题	1	2	3	4	5
9	在学习新知识时,能够联系旧知识推断并理解新知识,将其融入已有的知识体系中	1	2	3	4	5
10	对同一问题,能够从不同角度出发,想出不同方法	1	2	3	4	5

计分方法:

每道题按照孩子所选的选项对应的分值计算得分,总分是所有题目得分之和。总分越高,孩子的思维水平越高。

孩子在学习中遇到困难时,我们经常对孩子说:"多动脑子呀，好好想想！"有时孩子也会很委屈地说："我动脑子了呀，可是我做不出来啊，我该怎么动脑子啊？！"

其实，我们常说的"动脑筋""思考""想一想"都是想让孩子使用自己的思维力去学习。可孩子到底该如何动脑筋？思维力到底是什么呢？

孩子的学习通常可以分为两个阶段——感性认识阶段和理性认识阶段。在感性认识阶段，孩子需要用观察力、记忆力、想象力对学习内容进行初步的感性认识，获取丰富的感性材料。在理性认识阶段，孩子需要对这些感性材料进行分析、理解、整合、判断、推理、论证和反思，去粗取精、去伪存真、由此及彼、由表及里，找到这些学习内容的本质和规律。

比如，孩子学习一篇英语文章，通常来说要先去浏览文章，发现生词和陌生句型，搞清楚其发音及中文意思，再开始概括文章的主题内容并分析文章结构，最终升华至总结该文章的寓意、价值或创新点。

又如，孩子完成一道数学题，通常来说也是要先去通读题干，理解题目要求解决的问题是什么，再从题目给出的丰富信息中分析出有用条件与关键信息，根据自己的判断或者相应的数学公式进行推导计算，最终得出结果。

我们可以看到，在学习的过程中，最需要孩子动脑筋的部分就是理性认识阶段，而思维力正是孩子在该阶段所用到的能力，包括分析能力、理解能力、整合能力、判断能力、推理能力、论证能力和反思能力。

思维力在孩子学习中有着举足轻重的作用，它是整个智慧的核心，是学习力的核心要素。孩子思维力水平不同，其对学习内容的认识和理解的层次和深度就不同，这也就直接影响了孩子是否能进行深度学习、是否能将知识进行内化、是否能将知识进行迁移以及是否能将其应用来解决问题。

我们可以想象一下，如果孩子在学习的过程中只停留在感性认识阶段，那么即使其记忆力再强，在面对新问题的时候也会束手无策。就像案例中的小智一样。

那么如何才能提高孩子的思维力呢？接下来，笔者将从**结构化思维和发散思维**两个方面给大家介绍能够提高孩子思维力的方法。

结构化思维，形成知识的系统

结构化思维是用系统、结构、要素、层次的观点，从系统的结构去分析学习内容，其核心是逻辑推理能力。它可以帮助我们更系统、更有条理、更高效地对学习内容进行分析、整合、比较、演绎，将复杂问题清晰化、简单化，从而更快地解决问题。

美国教育心理学家杰罗姆·布鲁纳认为，所有的知识都具有一定的层次结构。孩子学习的重点应该在于理解知识的基本结构。实际上，人类大脑处理信息时，也特别喜欢有规律的信息。因此，我们要对孩子进行结构化思维训练，让孩子越来越善于对学习内容进行分类和总结，分析问题更全面严谨，思维过程更缜密流畅，学习效率自然也会提高。

那么，哪些方法可以帮助孩子提升结构化思维能力呢？

我们可以用5W2H分析法。

5W2H分析法最大的特点在于可以帮助孩子从七个维度对学习对象进行全面的、有结构的分析。这七个维度分别是Who（何人）、What（何事）、When（何时）、Where（何地）、Why（何故）、How（如何）、How much（多少）。

孩子在读书或听课学习时，常常不知该如何对学习内容进行分析和概括，对一些零散杂乱的知识不知该如何总结，难以将知识系统化。5W2H分析法给孩子们提供了一种分析路径或者分析模式，从这七个维度进行设问，可以**快速抓住学习内容的核心与框架**，帮助自己理解、总结和记忆。

父母可以通过故事分析来帮助孩子练习这种思维能力。

读完一个故事后，我们可以通过提问的方式一起跟孩子从这七个维度对故事内容进行分析和概括。例如，在读完《西游记》"蛇盘山诸神暗佑，鹰愁涧意马收缰"这一回后，父母可以通过提问帮助孩子梳理、分析、总结故事（见表2）。

表2　5W2H分析法应用示例

Who（主角）	唐僧、孙悟空、小白龙（西海三太子）、观音菩萨
What（事件）	收服白龙马
When（时间）	悟空拜完师护送唐僧去往西天取经
Where（地点）	蛇盘山
Why（原因）	小白龙吃了唐僧的马
How（如何进展）	孙悟空与小白龙交战，小白龙躲着不出来，悟空询问土地神小白龙来历，悟空请来观音菩萨，白龙变白马
How much（程度或影响）	唐僧获得了新坐骑

5W2H分析法以及其变形的可应用场景非常多，有人曾经戏称"万物皆可被分解为5W2H"。

这一方法的目的是帮助孩子**把零散的知识系统化、复杂的知识简单化**，从而减轻大脑的负担，实现快速有效的学习。

另一个帮助孩子提升结构化思维能力的方法是"金字塔结构"。

它是由芭芭拉·明托在《金字塔原理》一书中提出的概念，是一种将结构化思维视觉化的工具。相比5W2H分析法，金字塔结构适合分析更复杂的知识内容，因为金字塔结构不仅会对知识内容进行横向分析，还会进行纵向分析，最终形成类似三角形结构的树状图（见图14）。

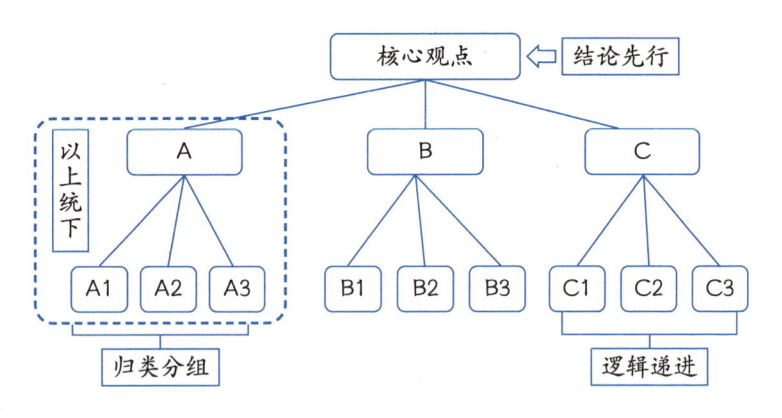

图14　金字塔结构

总的来说，金字塔结构最大的四个特点是：结论先行、以上统下、归类分组、逻辑递进。父母可以**引导孩子在听课时采用自上而下构建结构的方式进行记录**。先确定这节课老师要讲的中心问题是什么，然后根据老师所讲的具体内容对这个问题所包含的内容进行细化，找一找老师将这一问题分成了几个部分来讲，为什么要分成这几个部分，以及每个部分之间有着怎样的关系，是并列关系、时间关系还是其他逻辑关系？每个部分的下面老师又分别讲到了哪些内容，这些内容之间有着怎样的关系？

为了分析出老师所讲知识内容的结构，孩子每听到老师讲完一句话，都会自然而然地去分析老师的这句话跟中心问题有什么关系；孩子每听完老师讲完一部分，都会去概括这部分内容的关键词是什么，它与中心问题的关系是什么，它与老师所讲的其他部分内容的关系是什么。

在这个过程中，孩子自然而然地开始了对知识的主动加工，自然而然地会去反复思考知识点之间的联系与区别，自然而然地锻炼了自己的思维力。

用这种自上而下构建知识金字塔结构的方式学习，还可以帮助孩子快速建构一个清晰的结构化的知识框架，这对于孩子全面掌握、快速记忆以及复习知识都帮助极大。

发散思维，建立知识的广泛联系

发散思维是指根据已有信息，从不同角度和方向思考，从多方面寻求答案的思维方式。它可以帮助孩子突破常规，寻求不同，通过对知识内容的多角度思考而推理出新知识，也就是我们常说的"举一反三、触类旁通"的能力。

其中，**思维导图**就是帮助孩子提升发散思维能力的特别好的方法之一。它虽然简单，却极其有效。它由英国心理学家托尼·博赞在20世纪70年代发明，利用文字、色彩、图画、图标等多种形式，从多角度展现思维的过程。

制作思维导图需要先把中心主题用关键词或图像的形式呈现在纸的中央，然后思考与中心主题相关的次主题，在次主题后再呈现更为细节的要点。任何一个要点出现时，都尽可能地将它用关键词的方式表达出来,并把它和最相关的次主题联结起来。不同的次主题用不同的颜色来表示,如果可以的话,也可以用图像来表达一个关键词(见图15)。

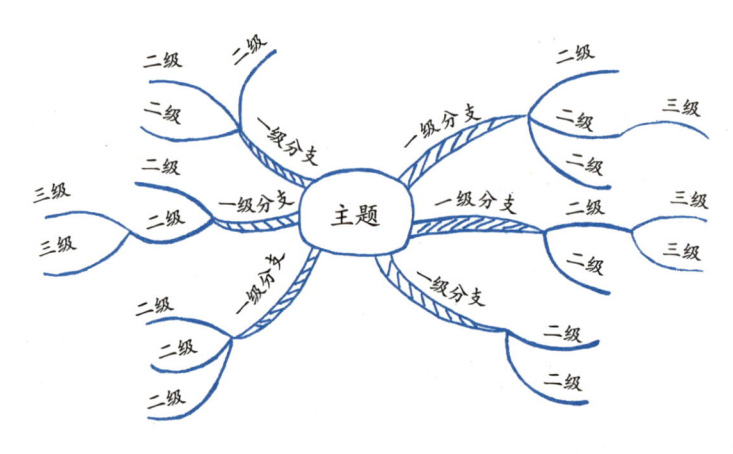

图15 思维导图

思维导图更强调自由发散联想,即围绕一个中心主题想到什么就写上什么,不太要求概念与概念之间的逻辑关系,旨在尽可能地激发大脑的无限潜力。因此,孩子在制作思维导图的过程中可以尽情联想,去观察知识间的关系,发现从来没有注意或意识到的知识之间的联系,从而产生具有创新性的理解,找到新方法、新思路。

比如以"羽毛、钱币、铅笔、竹筷子、A4纸、砖头、纸杯或空啤酒瓶可以用来做什么?可能的用途有哪些?"来打破思维定势的练习,我们可以进行如下思维导图的绘制(见图16)。

同样地,在复习环节,孩子也可以先进行思维检索与回忆,将头脑中能提取出来的所有与复习主题相关的内容用思维导图的形式呈现出来。

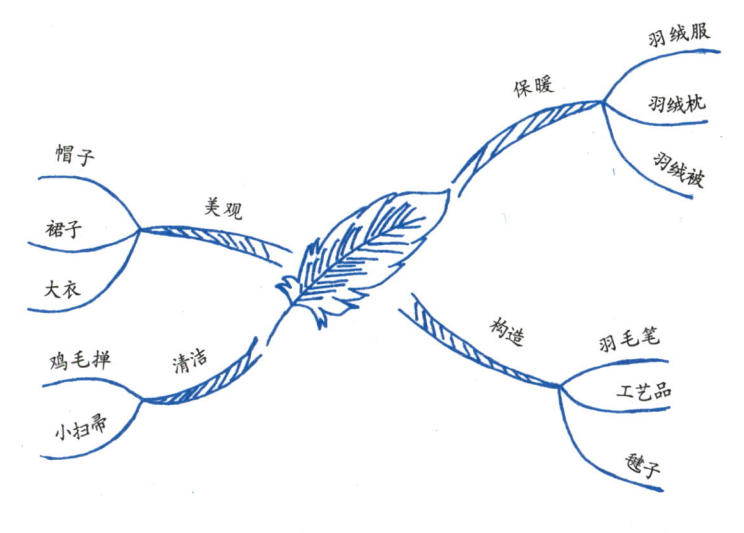

图16 思维导图示例

这样做的好处是,孩子可以通过思维导图的呈现直观看到知识在大脑中的留存量以及已有的知识脉络,再一次的回忆检索也可以进一步加深这部分知识的牢固程度。

此外,**启发式提问**也可以引导孩子建立发散思维,正可谓"好问题胜过千言万语"。

启发式提问能够激发孩子思考的主动性与学习兴趣,释放孩子的想象力和创造力，带动孩子的积极性，从而达到训练孩子发散思维的目的。父母在与孩子的互动中，可以多从以下角度进行提问互动。

猜想式提问——父母不说出答案，而是让孩子多去猜：你猜呢？你觉得呢？你有哪些想法？你能联想到的都可以说出来或写出来，你还能想到什么？接下来会发生什么吗？假如是这样，那么会怎样？比如与孩子共读时，不要太着急去翻看接下来的故事情节，而是让孩子想象、推理一下，你觉得接下来会发生什么呢？

类比推理提问——两者之间有哪些相似之处？你觉得它跟哪些事物有相似之处？这些物体都有什么共同特征？比如，你觉得月亮和地球之间有哪些相似之处？

逆向思维提问——相反的结果是什么？事物的另一面是什么？如果没有这个条件，事情会怎么样呢？如果把结果当成原因来看，会发生什么？

求异思维提问——还有没有不一样的方法？有没有可能还有其他的答案？它们之间还有什么不一样的地方吗？这两者的区别是什么？还有更多的解决方案吗？还有什么独特的方法吗？这种提问方式，可以更多地用在孩子做数学题的时候，启发和鼓励其进行一题多解。

思维力的建立虽然需要父母花费大量时间和精力进行陪

伴,但它是孩子学习中的核心要素,是整个智慧的核心,是父母不能忽视的重中之重。它直接影响孩子对学习内容的认识和理解,影响孩子深度的自主学习能力。本章的内容虽然略深,但方法在实践中并不难操作,只要多多运用,一定可以帮孩子建立起系统的逻辑思维能力。

第7章
考试能力：学得好考不好怎么办？

很多孩子一到考试就会紧张得睡不着觉，平时成绩不错，但在考场上头脑空白，还常常大汗淋漓，考试成绩总不理想。这是因为孩子的考试力有待提高。

请孩子根据自己的实际情况选择相应的答案。

小测试

序号	考试焦虑自测	完全不符合	比较不符合	比较符合	很符合
1	重要考试的前几天就已经坐立不安了	0	1	2	3
2	临近考试时，肠胃不舒服，有时还腹泻	0	1	2	3
3	一想到考试即将来临，身体就会发僵	0	1	2	3
4	在考试前，总感到苦恼	0	1	2	3
5	考试前会感到烦躁，脾气变坏	0	1	2	3

（续表）

序号	考试焦虑自测	完全不符合	比较不符合	比较符合	很符合
6	在紧张的温课期间常会想："这次考试要是得到个坏分数怎么办？"	0	1	2	3
7	越临近考试，注意力就越难集中	0	1	2	3
8	一想到马上要考试了，参加任何文体活动都感到没劲	0	1	2	3
9	在考试前，总预感这次考试要考坏	0	1	2	3
10	在考试前，常做关于考试的梦	0	1	2	3
11	每到考试那一天，心里就总是惶惶不安	0	1	2	3
12	一听到开始考试的铃声，心就会马上紧张得急速跳起来	0	1	2	3
13	遇到重要考试，脑子就变得比平时迟钝	0	1	2	3
14	看到考试题目越多、越难，心里越感到不安	0	1	2	3
15	考试时，手会变得冰凉	0	1	2	3
16	考试时，感到十分紧张	0	1	2	3
17	一遇到很难的考试，就担心自己不及格	0	1	2	3
18	在紧张的考试中，会想与考试无关的事情，注意力集中不了	0	1	2	3
19	考试时，会紧张到平时记得烂熟的知识也回忆不起来	0	1	2	3
20	考试时会沉迷在空想中，一时忘了自己是在考试	0	1	2	3
21	考试时，想上厕所的次数比平时多	0	1	2	3
22	考试时，即使不热，也会浑身出汗	0	1	2	3
23	考试时，紧张得手发僵，写字不流畅	0	1	2	3
24	考试时，经常会看错题目	0	1	2	3
25	进行重要考试时，头会痛起来	0	1	2	3
26	发现剩下的时间来不及做完全部考题，会急得手足无措、浑身冒汗	0	1	2	3
27	如果考了个坏分数，父母或老师会严厉地指责我	0	1	2	3

（续表）

序号	考试焦虑自测	完全不符合	比较不符合	比较符合	很符合
28	考试后，发现自己会的题目没有答对时，十分生自己的气	0	1	2	3
29	考试时，如果监考人来回走动注视着我，我会无法答卷	0	1	2	3
30	对考试十分厌烦	0	1	2	3
31	只要考试不计成绩，就会喜欢进行考试	0	1	2	3
32	考试不应当在像这样的紧张状态下进行	0	1	2	3
33	要是不进行考试，我就能学到更多的知识	0	1	2	3

注：本测验来源于北京师范大学郑日昌教授编制的《考试焦虑诊断量表》。

计分方法：

该量表包括33个项目，分4级评分，共99分。请将所选答案的得分加起来，0~24分为"镇定"，25~49分为"轻度焦虑"，50~74分为"中度焦虑"，75~99分为"重度焦虑"。

考试是为了检验孩子在学习过程中知识的掌握程度。正所谓"养兵千日，用兵一时"，如果不具备考试能力，孩子很容易产生考试焦虑情绪，严重的甚至产生诸如头疼、心慌等身体反应。想要拥有强大的考试能力并非易事，它需要平时的日积月累，以及考前的高效复习、良好的心理素质和科学的考试技巧。

考前狠抓基础，高效复习

狠抓基础，用好高原期

无论是中考还是高考，所有的大考都是分层筛选型的考试，其目的是将不同水平的学生筛选出来，送往不同层次、不同水平、不同类型的学校进一步学习。所以大考往往要照顾到绝大多数考生，它必须有一定的区分度。

一般而言，大考中的基础题占到40%，中等题占到40%，难题占到20%。有的孩子对大考试题难度的估计过高，复习时只是忙着攻克难题而忽略简单题目，结果在考试时暴露出基础知识掌握不牢固的问题，小题做不对，大题做不出，最终结果不尽如人意。因此复习时，父母要提醒孩子，**将知识的加高变为知识的加固**，提醒他们**查找漏洞、消除隐患**。

在大考冲刺期间，很多孩子会遇到高原期[1]，也就是明明很努力但成绩没有起色的时期。如果父母能引导孩子用好高原期，那么他们的成绩很可能会有质的飞跃（见图17）。

首先，父母要鼓励孩子按照一般的复习进度走，踏实做好基础题，不要追求解答难题和怪题。在状态不好的情况下，做一些相对简单的基础题，孩子可以慢慢提升自信，从负面情绪

---

1 高原期：指在练习曲线中出现的某一时期练习成绩不随练习次数提高的停滞现象，采取改进学习方法等措施后学习成绩又可提高。

图 17　高原期

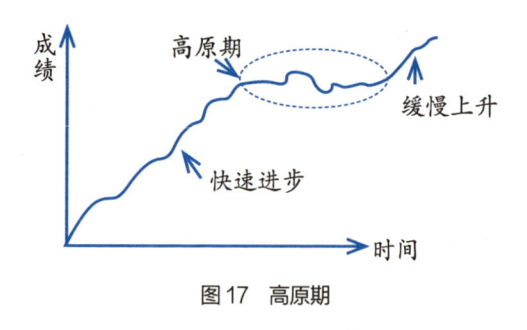

中走出来，从而找到学习的忘我状态。

其次，高原期有助于发现问题。大考前出问题总好过考试中出问题，重要的是发现问题，然后解决问题。高原期暴露出来的问题越多，越有利于孩子找出导致他们丢分的细节。如果这些细节都能得到妥善处理，成绩自然就会提升。

所以，当孩子拿回来几张没考好的试卷时，父母不要着急，更不要冲孩子发火。我们可以引导孩子用成长型思维发现自己目前在学习中存在的问题，仔细地去分析做错的每一道题，从中挖掘出可能的增分点。

调整睡眠和饮食，放松身心

考试前，父母可以让孩子按照原来正常的作息时间休息，但也要让孩子适当按照大考的时间来调整自己的学习和生活，比如以往都得晚上12点多睡觉，大考前不超过11点就要上床睡觉。

有些孩子大考前会紧张得睡不着觉。现代科学研究表明，**人在兴奋状态中一两天不睡觉，绝对不会影响记忆力，大脑也照样兴奋**。所以，如果孩子紧张、失眠，父母千万不要着急，我们要宽慰孩子，告诉他们**失眠并不可怕**，对他们并没有什么影响。

有些孩子其实是"假性失眠"，就是自我感觉一晚上都没睡着，但实际上早就已经睡得很熟了。即使真的失眠，也不要着急，孩子躺在床上只想一些快乐的事情，或者干脆**闭上眼睛什么都不想，也能达到放松的目的。**

此外，调整饮食也要适度。有的父母觉得孩子学得太辛苦，很想在食物上尽量满足孩子，于是会给孩子买他们喜欢但平时很少吃的食品，但孩子处于紧张状态时，肠胃会更加敏感，对于不熟悉的食物难以适应，反而容易生病，影响学习状态。

考前十几天，孩子的学习水平通常较难有大的突破，即将来临的大考又会增加孩子的心理负担。因此，这段时间父母应该**鼓励孩子适当放慢学习的节奏**，让他们从高度紧张的状态中适当松弛下来。

人在相对放松的状态下，注意力更容易集中，情绪较为稳定，心情更加愉快，也就更容易发挥出理想水平。放松身心有很多方式，父母可以让孩子都试试，找到对自己最有效的放松方式。

积极暗示，调整考前心态

在大考前，很多孩子都会给自己定目标，但容易出现"过高的目标实现不了，合理的目标却又看不上"的问题。如果目标过高，但实际能力达不到，孩子就容易陷入失败的循环。

所以，父母不妨**引导孩子设置三级目标**，比如：如果发挥得足够好，可以考上双一流大学；如果发挥一般，可以考上一本；如果发挥失常，上个二本也可以接受。

这样，孩子即便状态不好也不至于过度焦虑，因为他们对最坏的结果已经有了提前预判，并做了心理准备。

我们可以多跟孩子说下面这些话来做积极暗示，也可以鼓励孩子对着镜子里的自己做积极暗示：

我今天一定能考好！

我今天一定能比平常考得好！

我今天一定会考得特别好！

今天就看我的！

父母也可以鼓励孩子多想象一些能够愉悦情绪、调试心境的情景进行积极暗示。这种情景最好画面一闪现就让人感到情绪振奋、心情愉悦。

有些孩子即便采取了前面的方法，但由于大考前非常紧张，依然控制不住自己的负面想法。面对这样的情况，父母可以教给孩子**不反应法**。

"不反应法"即对自己的负面想法采取"不反应"的态度，任由想法在大脑中来来去去，不试图去改变或消灭它们。

北大正念实验室邹颖敏博士后团队发现，对负面情绪不做出反应更有利于降低情绪的影响。这可能是因为对当前经验的不反应弱化了人们通常对负面情绪过度反应的条件反射，人们不去关注负面情绪，自然就增加了认知灵活性，也降低了情绪反应带来的负面影响。

做好**考试预案**也是一种有效的对策，即让孩子提前想象整个考试过程以及其间可能出现的问题并思考与之相应的解决办法。它有利于帮助孩子在考试前、中、后遇到真正的问题时保持情绪稳定，减少问题对考试的影响。同时，考试预案能够帮助孩子了解和规划考试期间的时间安排，增加孩子在大考中的掌控感。父母可以让孩子在考前思考下面的问题：

考试时忘记带准考证了应该向谁求助？

考试那天闹钟没响该怎么办？

考试时感到紧张怎么办？

考试时遇到不会做的题目怎么办？

考试期间有一科没考好怎么办？

考试作文没有思路怎么办？

考试题目很难怎么办？

考试结束时间快到了，还剩很多题目没有做完怎么办？

父母可以和孩子一起讨论突发情况的应对策略，如果没有商量出好的应对方法，父母也可以鼓励孩子去问问学校老师如何有效解决。

考中凝神静气，心态不慌张

中科院心理研究所的专家对全国200名高考状元进行了4年的跟踪研究后发现，在20个影响高考成功的因素中，排在第一位的是考试中的心理状态，第二位是考试前的心理状态。所以考生在考场里的心理状态，与大考成绩有着重要关系。

保持心情愉快：在大考当天早上，从起床开始，父母就要给孩子做积极的暗示，让孩子心情愉快。如果孩子允许，父母可以抽空或请假陪同孩子一起前往考场，路上最好有说有笑，让孩子的心情保持愉快。如果孩子不愿意父母陪同，父母也不用强求，可以微笑挥手向孩子告别，鼓励孩子考出自己的实力。

父母最好提前嘱咐孩子：路上遇到老师、同学和考官时要点头微笑，因为微笑能让人感受到别人的友好，微笑也能使人增强信心，这样孩子对考场的陌生感和紧张感就在不经意间消除了，从而获得心理上的安全感。

凝神静气：如果孩子平时在考试前或考试中容易出现心跳加快、焦虑不安、头晕目眩、思维迟钝等情况，父母要教会孩子在考场凝神静气的方法。

首先从认知上帮助孩子调节。父母可以告诉孩子："这属于焦虑的急性发作，一般不会维持太长时间，通常几分钟就过去了。这时我们可以停止答卷，闭目养神一会儿，或者闭眼做几个深呼吸，想象身体里的血液从头到脚在有规律地慢慢流动，这样很快就能恢复到正常状态。"

如果孩子还是觉得紧张，父母可以让孩子用手按压太阳穴或来回用手掌搓面部，活动眼球和颈部，通过改善全身的供血和供氧达到清醒大脑的目的。如果孩子紧张得手心都是汗，父母可以让孩子停止学习或做题，将双手平放在桌面上，集中精力感受桌面的凉爽，同时做几个深呼吸。这样做1~2分钟，孩子的紧张焦虑情绪通常能大大得到缓解。

浏览全卷：大考常常会提前5分钟发卷，在这5分钟内，很多孩子会因担心做不完或因过于紧张和专注，情不自禁地拿起笔做题，从而违反大考规定，造成严重的后果。

实际上，从发下试卷到开始答题的这5分钟里，浏览全卷才是孩子们最应该做的事情。孩子们在浏览全卷时，要对题目难度、题量、题型、答题要求、分值等做到心中有数，然后确定自己的答题方案，对自己的答题顺序、在各题上的时间分配有全局性的安排和考量。

浏览全卷还可以让孩子对所有的题目拥有一个初步印象，

当出现记忆堵塞时，通过在各题目之间进行相互联想，这个问题可以得到消除。

从易到难：父母要鼓励孩子形成自己的答题策略。绝大多数孩子做题时应该遵循"先易后难、从易到难"的原则，这样就会越做越有信心，越做越能找到做题的感觉。

大考试卷的题目安排通常也遵循从易到难的原则，所以孩子只需要按照题目顺序做题，保证时间安排合理就可以。

父母要教会孩子在战术上重视试卷。父母应该告诉孩子应对试题的原则：在做容易题的时候要高度重视，认真仔细；在做难题的时候要想"我难，别人也难，所以无论如何都有胜算"。

拆解条件：有些孩子在考试中遇到难题时，要么慌乱尝试，要么一头雾水。面对孩子的这种情况，父母平时可以帮助孩子学会拆解条件。

首先，让孩子审清题意，明确题目的要求。父母可以要求孩子用画圈或者下划线等形式明确题干重点。

其次，父母可以用以下问题帮助孩子找出解题思路：这道题要解决的问题是什么？它有哪些条件？这道题会用到哪些已经学过的知识？这些知识是如何串联起来的？解出这道题的第一步应该是什么？第二步、第三步呢？

通过平日里拆解条件的训练，以后孩子在遇到难题时，就能够迅速冷静下来，针对题目所用到的知识和解题步骤进行深入思考。

考后保持好心态，全考完后要总结

保持平静：经历了一场大型考试后，孩子的内心还处于兴奋或紧张的状态，很难快速平复下来，所以有些孩子喜欢和身边的同学交流答案。但是，这很可能让他们陷入对错题和考分的担心和恐惧当中，还会让他们很难专注于下一场考试的复习。所以，父母要帮助孩子在考试后保持平静。

首先，父母不要询问孩子的考试结果，也不要鼓励孩子交流答案或者回想上一场考试，这对于下一场考试的备考没有任何益处。如果孩子因无意中回想起了自己做错的某道题而伤心难过，父母可以告诉孩子："过去的已经无法挽回，那就让它过去吧。我们现在要集中注意力把接下来的考试考好！"

父母也可以对孩子做积极暗示："虽然我们这道题做错了，但是其他题目有可能都是正确的，这样的话，这个科目的分数也不会低的！"

其次，孩子经历了一场注意力高度集中的考试之后，父母可以让孩子做短暂的放松，以便保持平静，能够更有效率地投入下一场的备考复习。

专注下一场考试：有的孩子考砸了一两门，感觉后面的考试没有希望了，这时父母的安慰起不到太大的作用。所以，父母要继续使用积极暗示，让孩子专注于下一场考试。

总结经验：许多孩子平时考完试后并不注意总结经验，导致错过的题目下次还错，所以每次考完试，父母需要和孩子一起结合考卷、考分，复盘和分析孩子的考前复习效率、把握考纲和重难点的能力以及考试期间的心理状态，这样能够帮助孩子进一步提升考试能力，为下一场大考的良好发挥奠定基础。

第三部分

学习的毅力
就是坚定自己，迎难而上

第8章
自控力：抵抗不住诱惑怎么办？

小 测 试

序号	自控力测试	完全不符合	不太符合	不确定	比较符合	完全符合
1	我能很好地抵制诱惑	1	2	3	4	5
2	对我来说改掉坏习惯很困难	5	4	3	2	1
3	我很懒惰	5	4	3	2	1
4	我会做一些能给自己带来快乐但对自己有害的事情	5	4	3	2	1
5	人们相信我能坚持行动计划	1	2	3	4	5
6	对我来说，早上起床是件困难的事	5	4	3	2	1
7	大家说我冲动	5	4	3	2	1
8	我花钱有些大手大脚	5	4	3	2	1
9	我会因为情绪而激动得不能自持	5	4	3	2	1
10	我会因为一时冲动做很多事情	5	4	3	2	1
11	大家说我有钢铁般的自制力	1	2	3	4	5

（续表）

序号	自控力测试	完全不符合	不太符合	不确定	比较符合	完全符合
12	有时我会被有趣的事情干扰而不能按时完成任务	5	4	3	2	1
13	我难以集中注意力	5	4	3	2	1
14	我能为一个长远的目标高效地学习	1	2	3	4	5
15	有时我会忍不住去做一些事情，即使我知道那样做是错误的	5	4	3	2	1
16	我常常考虑不周就付诸行动	5	4	3	2	1
17	我很容易发脾气	5	4	3	2	1
18	我经常打扰别人	5	4	3	2	1
19	我有时会上网过度	5	4	3	2	1

注：本问卷源自谭树华、郭永玉教授修订的《自控力量表（简化版）》。

计分方法：

请把选项对应的分数加起来，计算自控力总分。孩子所得的总分越高，自控力越强。66～95分表示自控力水平较高，33～65分表示自控力水平一般，19～32分表示自控力水平较低。

美国心理科学协会发表过一篇题为《自控力比IQ更能预测孩子的学业表现》的专家调研报告。在报告中，心理学家跟踪观察了140名美国八年级（相当于中国的初二）学生的在校表现后发现，孩子的自控力在很大程度上影响了其在校成绩

（GPA 分数）、美国中学入学考试成绩（SSAT 分数）以及被重点高中录取的概率。

这个调研算是揭开了"牛娃"与"普娃"的奥秘：别人家的孩子之所以杰出，是因为他们的自控力更强。专家们得出结论：**只有在智力因素和非智力因素（如内驱力、自控力等）的共同平衡作用下，孩子的学习成绩才能持续保持优异。**

下面介绍几种日常生活中有效提升孩子自控力的方法，父母可以根据孩子的特点选择合适的训练方法。

行动前补给自控力能量

方法1：想象成功，想象如果实现了目标会怎么样

孩子自控力差，多半是对自己的人生没有规划，不知道自己做一件事是为了什么，做了以后要达到什么效果，所以家长**要帮助孩子制定具体、明确、可测量的目标。**当目标变得更具体化和容易实现时，孩子的自控力也会变得更好。

当孩子自控力变差时，父母可以带着孩子**想象成功的画面**。比如，孩子努力学好数学之后，他的成绩能有很大提高，老师会表扬他，同学会羡慕他，他对自己也会更有信心。当孩子想象成功时，大脑就会更具体、更直接地思考他现在选择的结果，而想象成功的同时，孩子也能获得力量和希望，坚信自

己只要努力就可以获得成功。

我立志报考中科院心理研究所的研究生时,这所名校对当时的我来说完全是神一样的存在,而且它在全国的招生名额只有两个,可以说是非常难考的。在漫长的备考期间,我时常感到孤独和不自信,时常怀疑自己能否如愿,时常担心自己的努力会白费。所以,当我学不进去并且身心疲惫的时候,我就会闭上眼睛想象考研成功的美好画面,我想到了未来窗明几净的教室和宿舍,想到了与优秀同学的高谈阔论,还想到了父母引以为傲的表情……

每当想象完成功后的画面,我都会感觉自己像打了鸡血一样充满力量,继续学习时会更加平静和自信。

方法2:减少例外的发生

坚持并不是一件容易的事情,特别是当孩子在努力了很长一段时间后仍然没有看到希望的时候,他们容易迷茫和懈怠,也就容易放纵自己。

乐乐数学成绩不好,于是父母和他一起制定了改进规则:乐乐每天做完作业后,额外再花半小时做数学习题。但乐乐这么做了一个月,数学成绩还是没什么起色。乐乐感到灰心丧气,认为自己已经这么努力了,数学还学不好,努力也没什么用,还不如把做数学题的时间拿来玩手机。结果,乐乐玩了一次手机之后，就想着玩下一次。他更加不相信自己能学好数学，也就不再坚持每天额外做数学题了。这个案例中，一次例外（玩手机）就可能破坏原先一直苦苦坚持的规则。

所以，父母要帮助孩子减少例外的发生，**杜绝孩子可能出现的"明日复明日"的想法**。若例外已经发生，父母要先共情孩子的情绪，然后继续告诉他今日事今日毕，明日永远只能是借口，例外出现一次就有可能变得平常。

行动中逐步提升自控力水平

做好抵挡诱惑的准备。一项研究发现，把糖果罐放在抽屉里，而不是直接放在桌子上，会让人们少吃1/3的糖，这就说明了隔绝诱惑的重要性。孩子常常面临很多诱惑，比如做作业时想看看手机消息、看书时收到朋友的外出邀约等等。父母不妨帮孩子做好抵挡诱惑的准备，增加接受诱惑的成本。

父母可以**把孩子的房间分为学习区、生活区和娱乐区**。学习区只有学习资料，通常是孩子的书桌。生活区是孩子生活起居的地方，而娱乐区才放孩子的玩具。父母可以要求孩子把手机放在娱乐区或者更远的地方。

如果孩子想打破定好的手机使用规则，再多玩一会儿手机，父母可以要求孩子先锻炼身体30分钟，之后才能多玩15

分钟手机。

再坚持10分钟。当孩子抵挡不住诱惑时，父母可以告诉孩子："可以满足你，但是你需要再坚持10分钟。"

你可能觉得10分钟并不长，但神经科学家发现，10分钟能在很大程度上改变大脑处理奖励的方式。如果获得即时满足感之前必须等待10分钟，大脑就会把它看成未来的奖励；如果没有了等待的10分钟，大脑的奖励承诺系统就不会如此活跃。

一方面，等待10分钟能让孩子通过小事锻炼延迟满足的能力，提升自控力；另一方面，孩子也能在这10分钟内冷静下来，对诱惑表现得不再那么狂热，在10分钟结束后也许就会选择继续完成任务了。

任务巧分配。研究人员发现，人的自控力在早晨最强，随着时间的推移逐渐减弱。所以，父母可以引导孩子将他认为最难的和最需要自控力的学习任务安排在早上完成。比如，把背诵古诗和口算等安排在孩子精力最旺盛的时候，往往会有意想不到的效果。

加入群体，树立榜样。一件事如果有人一起干，人就很容易在竞争意识和成就动机的激发下，调动自身的热情、积极性和聪明才智尽力坚持下去。当孩子置身于一个有着共同目标的群体中时，他会把别人的目标、信念和行为整合到自己的决策中，群体里优秀的人会成为他的自控力榜样，成为他学习和模仿的对象，他会与群体里的其他人互相监督，共同进步，朝着共同的目标一起努力。

父母可以带着孩子加入一些集体项目，让孩子和其他人一起坚持完成学习任务。笔者孩子的英语老师建了一个英语打卡群，要求孩子每天读一本英文绘本，并将读书视频上传到群里。原本孩子并不愿意读英文绘本，但在老师的要求下，她天天坚持，打完卡还会看看自己是第几个交打卡作业的学生。3个月后，打卡活动结束了，孩子还恋恋不舍，希望有机会能再来一次。

日常生活中培养自控力习惯

如果孩子做到了坚持不懈，那么父母应该**及时奖励孩子，让孩子看到坚持的意义，增强坚持的成就感**。奖励应该是孩子喜欢且容易获得的东西，精神奖励、体育锻炼都很不错。

自控是消耗能量最高的大脑活动，为了保存能量，大脑不愿意分配充足的能量去抵挡诱惑、集中注意力和控制情绪。这就能解释为什么很多孩子甚至是成人都自控力不足，很难坚持到底。自控并不是一件容易的事情。所以，我们不能理所当然地认为孩子应该拥有自控力，如果孩子一开始没有做到，也不该大发脾气，而是要**给孩子一个等待期**。

孩子坚持不下去时，父母不要批评孩子，更不要由此上升到人格层面，指责孩子"笨蛋""懒货"等。这样不仅会降低孩子的积极性和自控力，还可能导致孩子抑郁和烦躁。

孩子坚持不下去的时候，父母除了寻找妨碍因素，还可以通过以下三个步骤来帮助孩子（见图18）。

1.**询问孩子感受**。问问孩子："你感觉如何？你放弃或者失败后的第一感觉是什么？"父母询问孩子的感受，并不是要批评和指责孩子，而是为了与孩子在其情绪层面多待一会儿，让孩子感受到父母的接纳和理解，也让孩子看清自己的感受，不要急于逃避。

2.**正常化**。对于孩子的放弃或失败，父母要做正常化处理，这能够稳定孩子的情绪，增强孩子的自信。

3.**找到未来的方向**。在孩子情绪平复之后，父母可以帮助孩子找到未来前进的方向。父母可以让孩子像帮助朋友一样帮助自己，让孩子从第三视角去看待这件事的走向，这样能让孩子更积极正向地去思考未来。

| 询问孩子感受 01 | 正常化 02 | 找到未来的方向 03 |

图18　三个步骤帮助孩子坚持下去

例如，父母可以问孩子："如果你的好朋友经历了同样的挫折，你会怎么安慰他？你会怎么鼓励他继续追求自己的目标？他接下来应该做什么才能更容易实现自己的目标？"在孩子给出建议之后，父母可以追问孩子："那你接下来可以做什么？"然后给孩子一个拥抱，鼓励孩子继续坚持和努力。

第9章
坚毅：容易中途放弃怎么办？

小陈今年上初一，随着课程难度的增加，他学不会的知识越来越多。小陈的妈妈说："他之前在小学还算认真，但就是害怕吃苦，遇到困难也不愿坚持。现在上初中更是跟变了个人似的，学习任务变难了，他上课更不好好听讲了，到家也不写作业，就爱睡懒觉。"

我认为小陈的问题出在"不够坚毅"，妈妈很认同我的观点，却也很困惑：到底要怎么培养孩子不怕吃苦，敢于迎难而上的坚毅品质？

一起来看看你家孩子对挑战的忍耐度有多高吧。请孩子根据自己的实际情况选择和填写。

小测试

序号	坚毅水平自测	完全不符合	比较不符合	部分符合	比较符合	完全符合
1	我曾经克服过挑战性极高的困难	1	2	3	4	5
2	新思路和新任务干扰我完成原来要做的事情	5	4	3	2	1
3	我做事的兴趣每年都在变化	5	4	3	2	1
4	困难不会让我泄气	1	2	3	4	5
5	我会短暂地着迷于一个观点或事物，然后失去兴趣	5	4	3	2	1
6	我是一个努力学习的人	1	2	3	4	5
7	我经常设定目标，但后来又改变主意	5	4	3	2	1
8	我只要开始做一件事情，就一定能够完成它	1	2	3	4	5
9	我曾经花费多年时间完成一个目标	1	2	3	4	5
10	我是个勤奋的人	1	2	3	4	5

注：本问卷改编自安杰拉·达克沃思等人编制的《坚毅量表》中文版。

计分方法：

请把选项对应的分数加起来，计算坚毅测评总分。孩子所得的总分数越高，坚毅水平就越高。

以青少年为研究对象开展的诸多追踪研究显示，无论在什么情况下，相对于智商、成绩或外貌，坚毅都是更加可靠的预测成功的指标。坚毅对成功的预测准确度甚至超过了人格因素和智力。

坚毅并非完全天生,它像肌肉一样,可以通过锻炼变得越来越强。

用成长型思维、热情和幸福感提高耐受力

培养成长型思维。成长型思维是相对于**固定型思维**而言的,这两种思维模式直接影响了一个人面对问题时的态度、情绪状态和决策。

固定型思维的人讨厌变化,倾向于避开挑战,面对困难容易放弃,他们的关注点往往在任务的困难上,认为再怎么努力也没用。成长型思维的人则喜欢变化,愿意迎接挑战,面对困难能够坚持不懈,他们的关注点往往在寻找困难的突破口上,认为一切皆有可能(见图19)。

帮助孩子建立成长型思维其实并不难,进行简单的干预引导即可。

首先是鼓励孩子多尝试新挑战,告诉孩子失败也无妨,父母会在身后保护和支持他。

另一个干预手法是正确地表扬孩子,不要表扬孩子的智力,只表扬他的努力、行为和闪光点。比如孩子学习进步了,我们可以表扬孩子:"这次你进步这么大,我真的好为你骄傲,

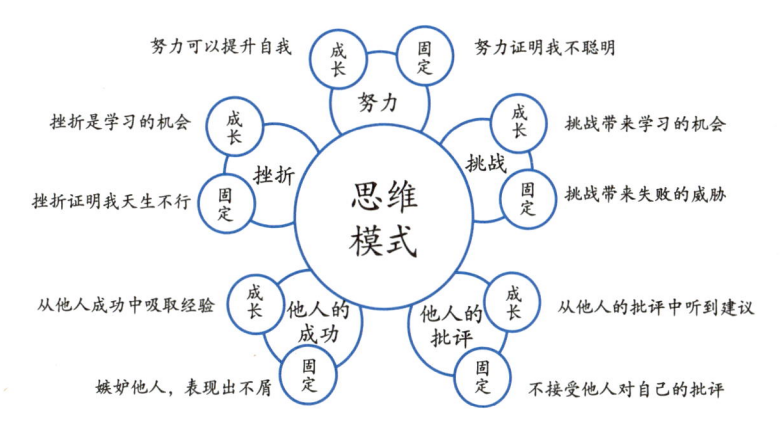

图19　成长型思维和固定型思维

你这段时间的努力有了回报！"又如孩子写字不美观，我们同样可以表扬孩子，强化他做得好的部分。我们可以说："这几个字写得很好看！相信你也能写好其他的字！"

找到可以深入挖掘的兴趣。在现实生活中，我发现有不少孩子对生活中的任何事都提不起热情，干什么事都觉得没意思。如果交给他的任务有点难，需要付出努力，他就干脆直接放弃。

面对这样的孩子，父母要帮助他找到可以深入挖掘的兴趣点。孩子对自己的兴趣越投入，就越能培养出热情，并且将这份热情迁移到其他领域。

感受幸福。幸福可以提高人的耐受力，让人更加坚毅。当一个人怀揣幸福、希望和对未来的憧憬时，他就能够耐受巨大的痛苦。但是如果没有感受幸福的能力，那么他的耐受力就会减少,从而很难坚持下去。

当你对生活有美好的预期,即使是很小的事情,也能从中感受到幸福。反过来说,即便拥有别人眼里的幸福,当事人自己的预期却不尽如人意,那么他依然会觉得不开心。所以,父母要引导孩子对生活抱有美好的期望,鼓励他们积极地看待生活和学习,让他们看到并坚信自己现在很幸福,未来的生活会更加美好。父母可以鼓励孩子记录生活中的美好,教会他们从生活小事中发现美。比如我们在前面讲过的,父母可以和孩子一起每天记录三件好事。

善于反思,立即行动

善于反思是一种非常重要的学习品质,可以帮助孩子发现知识的漏洞,检查学习的进度。父母应该教孩子**学会反思,总结经验**。

比如,引导孩子发现自己微小的成功:"上一周你有哪些好的改变?"父母发现引导孩子无效时,需要及时止损:"有哪些包袱是你可以扔掉的?你必须克服的障碍是什么?"父母还要引导孩子聚焦行为:"有什么更好的行动方案可以帮助你实现自己的愿望?"

人在做事情之前往往喜欢先想一想,但有时想太多往往会让事情变糟,给自己增加压力。

比如和孩子充分聊完梦想后,可以对孩子说:"很好!接下来我们从哪件事开始入手呢?"或者简单地告诉孩子:"开始吧!现在就开始!"还可以时不时地提醒孩子:"下一步我们要做什么?然后呢?"

帮孩子把梦想固化到行动中,把孩子的注意力集中到当前的行动中,让他在遇到困难时能够坚持下去。

主动结交具有坚毅品质的人

鼓励孩子在生活中寻找并结交那些具有坚毅品质的人。我在报考中科院心理研究所的研究生时,总感觉一个人去上自习很枯燥、很难坚持,后来我就找了两三个志同道合的考研伙伴,每天一起自习、一起探讨考研的难题。就这样一直坚持了半年,最终我们都考上了心仪的高等学府。

当孩子感觉坚持不下去的时候,父母需要帮助孩子多结识一些有坚毅品格的人结伴同行,孩子会被他们的能量感染。

除了能让孩子离成功更近,坚毅还具有双向调节的作用。对于那些懒散惯了的人来说,坚毅能够帮他们强化自控力,让他们学业有成;而对于那些容易紧张的人来说,提升坚毅指数能够帮他们勇敢面对挫败,减少焦虑和抑郁。

第10章
刻意练习：很努力却还是学不好，究竟为什么？

小可的妈妈向我求助："小可学习还算认真，也有想学好的意愿。但是她总有畏难情绪，只愿意做简单的题目，题目稍微难一点就不肯多动脑。平时练习做错的题目，之后还是会反复做错。"这位妈妈还说："小可学习没有目标，学到哪里算哪里，有时候还会抱怨自己不是学习这块料。"我告诉妈妈："小可没有树立刻意练习的理念。"妈妈有些疑惑："什么是刻意练习？"

在过去几十年的研究中，心理学家们得出结论：不论在什么行业或领域，提高技能与能力的最有效方法全都遵循一系列普遍原则和练习方法，那就是刻意练习。刻意练习是对任何领域的任何人都有用的自我提升方法。

1985年,芝加哥大学教育学教授本杰明·布鲁姆深入考察了120名从音乐到数学等多个领域的精英人物,得到一个令人失望的结论:没有任何一个普遍适用的指标能够暗示某个孩子将来会成为行业顶尖人物。智商测试与他们最终在这个行业的成就并没有那么强的相关性。唯一呈现出强烈正相关的是:这些被调查者,无一不是投入大量时间进行刻苦训练,反复钻研自己手中的业务。

孩子是否具备刻意练习理念呢?用下面的量表来测一测吧,请孩子根据自己的实际情况进行选择和填写。

小测试

序号	刻意练习理念自测	完全不符合	不太符合	不确定	比较符合	完全符合
1	我相信努力比天赋更重要	1	2	3	4	5
2	我学习时有清晰的目标	1	2	3	4	5
3	我在学习中能做到心无杂念、保持专注	1	2	3	4	5
4	我知道我在什么时间学习效率最高	1	2	3	4	5
5	每次试卷发下来,我都会认真查找和反思自己的薄弱知识点	1	2	3	4	5
6	我会把大目标分解为一些小目标并努力去一一实现	1	2	3	4	5
7	我喜欢做那些难题,而不是我本来就会的题目	1	2	3	4	5
8	我喜欢思考知识背后的原理和规律	1	2	3	4	5
9	我通过考试发现自己的知识漏洞	1	2	3	4	5

（续表）

序号	刻意练习理念自测	完全不符合	不太符合	不确定	比较符合	完全符合
10	在练习中我能够保持平静	1	2	3	4	5
11	对于不会的题目，我会反复研究同类题，直到完全弄懂为止	1	2	3	4	5
12	我愿意花很多时间弄懂一个知识点	1	2	3	4	5

计分方法：

请把选项对应的分数加起来，计算刻意练习理念测评的总分。孩子所得的总分数越高，越能够坚持进行刻意练习。

> 孩子的得分是？_____
> 你认为孩子是否具有刻意练习的理念？是／否

很多科学家都在思考这样的问题：什么因素能够决定人的成功？

刻意练习的理念：努力永远大于天赋

匈牙利心理学家斯洛·波尔加坚信：只要训练刻苦、方法得当，任何一个人都可以成为任何一个领域的高手。为了证明这一点，他和妻子把三个女儿都训练成了国际象棋世界级大师，这就是著名的波尔加三姐妹。这个被认为是匈牙利历史上最重要的心理实验甚至证明，哪怕你不爱好这个领域，也能被训练成这个领域的大师，因为三姐妹中有一个并不怎么喜欢国际象棋。

人在面对枯燥、艰难和令人厌倦的练习时，容易产生很多杂念，比如"我不行！""我不够聪明！""我不可能做好！""我努力了半天也没有用！"这些杂念会放大焦虑，影响任务进度，拖垮人们的意志。

所以，父母要在平时多向孩子传达刻意练习的理念：努力永远大于天赋。

形成刻意练习的意识。孩子学习成绩不好，父母常常会批评他们不够努力。实际上，正如《论语·卫灵公》中所说："工欲善其事，必先利其器。"努力也要讲究方法。

虽然不同学科的学习有各自的方法，但是所有学科成就都可以通过刻意练习得到提高。刻意练习的基本步骤是：**设定目标—保持专注—获得反馈—走出舒适区。**

父母可以请孩子对照刻意练习的这四个步骤，反思自己的学习状态。父母可以通过以下提问敦促孩子对自己学习的过程和结果进行思考：

你这段时间的学习目标（可以是全科，也可以专注某一门

学科）是什么？

你在学习中是否能够心无杂念，一直保持专注？

在学习过程中，有哪些老师能给你正确的指导？

你在一天中的什么时候学习效率最高？

从试卷上看，你的哪些学科或知识比较薄弱？

什么知识是你掌握得还不够透彻，但只要加把劲就能学会的？

这些问句融合了刻意练习的基本步骤，可以帮助孩子在反思中形成刻意练习的意识。

刻意练习的技能

技能1：分解小目标

刻意练习的核心假设是：成功的关键在于找到一系列小任务，练习者按顺序完成。这些小任务必须是练习者现在不会做，但是可以通过学习掌握的。

孩子在设定目标时容易出现好高骛远或笼统模糊的问题，父母要提醒孩子**设定明确的、特定的"小目标"**。比如"每天都要练琴，以后要考钢琴十级"这个目标可以转变为"每天练琴30分钟，争取两周内能够流畅弹出某一首曲子"；"每天写完作业后，额外做数学题"则可以改为"每天写完作业后，针对立体几何做5道练习题，争取在立体几何单元小测中考到80分以上"。

总而言之，就是要教会孩子将训练的内容分解成有针对性的小块，然后对每一个小块进行重复练习。

技能2：保持在学习区内

知识和技能的发展可视为层层嵌套的三个圆形区域：最内一层是"舒适区"，是我们已经熟练掌握的各种技能；最外一层是"恐慌区"，是我们暂时无法学会的技能；二者中间则是"学习区"。**只有在学习区里面练习，一个人才可能进步。**

刻意练习最为关键的一点，是敢于迈出从舒适区往外走的那一步。很多孩子面对困难会胆怯退缩，父母要多鼓励孩子勇于挑战。父母可以这样说："光做 1 + 1 = 2 这样简单的题目有什么意思啊？那些有挑战性的题目虽然一开始对你来说比较困难，但是最后攻克题目的快感和成就感是做那些简单题目永远无法比拟的！来吧，我们一起试试看！"

事实上，在学习区练习，要求学习任务具有高度的针对性。一般的学校课堂学习是没有针对性的，同样的内容，对某些同学来说是舒适区，根本无须再练，而对某些同学来说却是恐慌区。所以，父母不仅要鼓励孩子勇于挑战，还要和孩子一起，根据孩子的薄弱科目和知识**设计孩子专属的学习区任务。**

比如，错题本就是一种刻意练习，错题就是学习区的内容。父母可以引导孩子将错题整理到错题本上，重做错题，分析做错的原因，厘清错题所应用的理论和公式，大量练习相似题型，从而巩固孩子对于易错知识的理解。关于错题本具体如何使用，本书会在第13章进一步加以介绍。

技能3：大量重复练习

任何一项技能、学习任务、技术技巧，都是通过无数次重复才达到熟练程度的。

《刻意练习》的作者安德斯·艾利克森曾经举了很多例子来说明大量重复练习的重要性。比如，学习商业决策的最好办法不是观察老板每个月做的那两次决策，而是自己每周做20次模拟决策。对于学生而言，多看书、多做题，尤其是做那些不熟悉的、容易做错的题目，其实就是在做大量重复练习。

在刻意练习的过程中，我们需要注意以下两点。

在练习中保持平静。人都是在不断尝试、不断学习新事物、不断练习的过程中成长起来的。事实上，人生就是不断练习的漫长过程。但随着年龄的增长，我们开始更加关注目标和结果，练习的过程变成了一种折磨和煎熬，我们由此变得焦虑和没有耐心。

孩子往往很在意自己的成绩，成绩不好的孩子容易自卑，以为自己的智商有问题。然而，分数并不能完全代表一个人的能力高低，更不代表以后的生活水平高低。所以，本书虽然教授父母如何辅导孩子学习，但这并不代表笔者希望父母看重分数。分数和成绩只不过是一个数字，父母们要注重孩子的学习过程，鼓励孩子享受学习旅途中的酸甜苦辣，鼓励他们享受奋斗和拼搏带来的快感。

父母可以告诉孩子："每次练习可以给自己设定一个小目标，不用焦虑、担心和恐惧，只需要安静地完成这个当下的小练习，这样尽量平心静气地完成无数个小练习后，你自然就能完成整个练习过程了。在整个过程中，你也不会消耗额外的精力，你会变得更有耐心，练习也会变得更加有效和有趣。"

从刻意到自动化。在练习和学习过程中，孩子常常会有很多杂念，这会干扰练习和学习的进度和效率。很多孩子不能做到心无杂念地完成练习过程，这时，父母就要教孩子通过刻意练习管理自己的杂念。

父母可以让孩子把学习当作喜欢做的事——可以是网络游戏，也可以是喜欢的运动——鼓励孩子专注地投入进去，当杂念出现的时候，就让孩子刻意控制自己的杂念。孩子可以自言自语："现在不要想，我要专心把眼下的事情做完，做好！"发现孩子不够专注时，父母也可以用一两句话简单提醒孩子，比如"专注当下!""认真!"

　　慢慢地,孩子就可以不用"刻意"了,因为他们已经养成了在练习中不去思考结果,不去消耗额外精力的习惯,这种专注的习惯也就自然而然使得练习过程自动化。

第四部分

学习习惯与方法,让学习变得事半功倍

第11章
时间计划：拖拉磨蹭改不了？

小志从小多才多艺，学围棋、篮球、英语，在各大培训班中浸泡。为了更好地陪伴孩子，小志的妈妈也暂时辞职放下工作，一路陪跑，晚上陪写作业，周末陪着上课外班，小志小学时的成绩一直非常出色。上了初中后，小志的妈妈重回职场，而小志的成绩却出现了起起伏伏的情况。妈妈工作不忙的时候，小志的成绩就好一些；妈妈工作忙起来的时候，小志的成绩就开始"不尽如人意"。原来，小志的学习一直都是在妈妈的监督和安排下进行的，什么时候开始学习，学习多长时间，先学哪个，后学哪个，妈妈都给安排得明明白白。可是一旦到了需要自主学习的时候，小志就比较随性，往往无法按时完成任务。

我们可以看出，小志学习学科知识的能力是没有问题的，但是他的时间管理能力一直没有培养起来。孩子的时间管理能力如何,不妨来测一测吧。请孩子不要过多思考,按照自己的真实情况填写即可。

小 测 试

序号	时间管理倾向自测	完全不符合	大部分不符合	一半符合	大部分符合	完全符合
1	我会为每天的活动安排日程表	1	2	3	4	5
2	我每天都给自己设置一个学习目标	1	2	3	4	5
3	我总是把最重要的学习任务安排在效率最高的时间段	1	2	3	4	5
4	无论做什么事,我总是既有短期安排又有长期计划	1	2	3	4	5
5	在每周开始之前,我都设置目标	1	2	3	4	5
6	每个学期我都要制订自己的学习计划	1	2	3	4	5
7	我总是把大量的时间花在重要的学习任务上	1	2	3	4	5
8	在新年开始的时候,我通常会设定这一年自己的奋斗目标	1	2	3	4	5
9	我经常根据实际情况对计划进行调整	1	2	3	4	5
10	我对每个星期要做的事情都有一个计划安排	1	2	3	4	5
11	我经常对自己利用时间的情况进行总结	1	2	3	4	5
12	我通常根据学习任务的重要性来安排学习的先后次序	1	2	3	4	5
13	我常常与同学交流合理利用时间的经验	1	2	3	4	5
14	我通常都能按时完成老师布置的作业	1	2	3	4	5
15	我对每天什么时候学习、什么时候玩,都有一个清楚的想法	1	2	3	4	5

（续表）

序号	时间管理倾向自测	完全不符合	大部分不符合	一半符合	大部分符合	完全符合
16	我总是根据目标的完成情况来检验自己的计划	1	2	3	4	5

注：本测试改编自黄希庭教授、张志杰教授编制的《青少年时间管理倾向量表》。

计分方法：

每道题按照孩子所选的选项对应的分值计算得分，总得分是所有题目得分之和。分数越高，说明孩子的时间管理能力越强；分数越低，说明孩子的时间管理能力越弱。

作为父母，我们都希望尽可能多地给孩子提供好资源，帮助其成长为独立、成功、幸福的人。实际上，每一个孩子生下来都天生自带一笔巨大的资源，那就是他们所拥有的时间。

时间管理对于孩子的重要性毋庸置疑。那么，父母如何才能帮助孩子提升时间管理的能力呢？我们可以从**时间管理意识的建立**、**时间管理方法的掌握**、**时间管理效能感的提升**这三个方面来培养孩子的时间管理能力。

首先，我们需要培养孩子的时间管理意识。很多孩子对于时间的流逝并没有清晰的认识，所以才会在行动上表现得拖拉磨蹭。

时间饼图法，让孩子真实地触摸到时间

时间是一种无形的东西，既看不到，也抓不着。那么，如何才能让孩子真实地感受到它的存在并对它进行有效的管理呢？我们可以通过"时间饼图法"将时间有形化。

父母可以指导孩子在纸上画出一个圆，或者打印一个圆，然后将这个圆平均分成24份，并进行时间刻度的标记。

父母和孩子一起来回忆孩子典型的一天或者刚刚过去的一天24小时的每个时段孩子都做了什么，并将它们用文字或者图案标注在饼图上（见图20）。

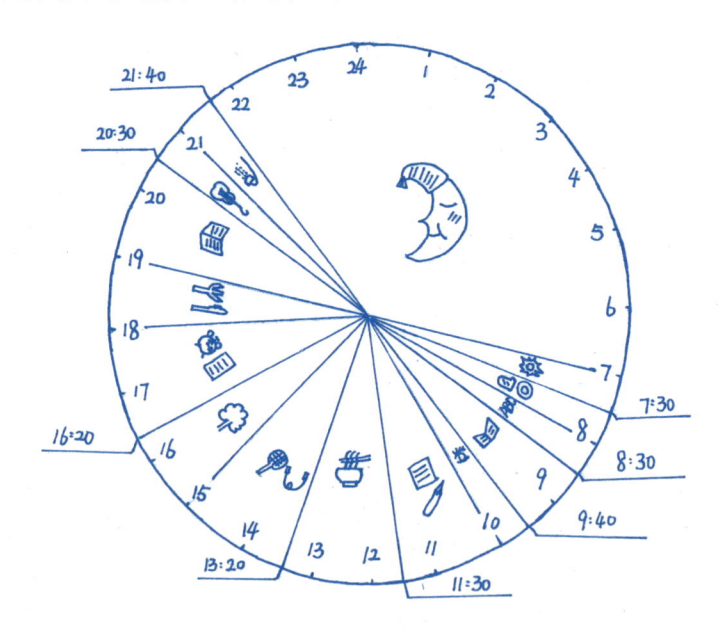

图20 时间饼图法

当孩子都标记好了之后，我们就可以根据饼图来了解孩子一天的时间安排，并根据需要讨论与分析下列问题：

你在画自己的一日饼图的过程中有什么感受吗？头脑中有没有冒出什么想法？

在看到自己画的完整的一日饼图后，你对自己这一天的时间安排是否满意？为什么？满意的地方在哪里？不满意的地方又在哪里？

如果再给你一次机会，你会如何安排自己这一天的时间？

如果用这个饼图的方式来制订一个明日计划，你会如何安排？

时间饼图法有三大优势：第一，饼图非常具体、直观，**将无形的时间可视化**，让孩子清晰地看到自己一天24小时是如何分配的，这有利于孩子反思自己的时间安排是否合理，并找出虚度的时间；第二，制作昨日饼图的过程既可以让孩子**感受到时间的可贵和不可逆**，又可以让孩子感受到时间的延续性，看到调整的希望和可能性；第三，时间饼图能帮助孩子**有效制订和执行计划**，通过反思昨日的饼图，孩子可以更好地计划出明日的饼图，从而更有目标性地去完成自己的时间计划。

当然，使用这个时间饼图法时，我们也不可避免地会遇到一些挑战。

挑战1：孩子不配合，对做饼图没有兴趣

应对策略：对于年龄偏小的孩子，父母可以采用故事化和游戏化的方式来引发孩子的兴趣，循序渐进地引导孩子制作时间饼图。

曾经有位妈妈用睡前分享的方式来引发孩子的兴趣。妈妈睡前跟孩子说："今天睡前不讲故事了，来给你分享一下我的时间大饼吧。你来尝尝我的大饼是什么味道的。"接下来，妈妈就用生动的语言描述了自己今天一天做的事情，最后总结并提问："我觉得今天我的时间大饼是葡萄味的，甜中带点酸。不知道你的时间大饼是怎样的，你喜欢吗？"这样的方式很容易就能激发孩子的兴趣。

对于年龄较大的孩子，父母可以在合适的时机，用合适的沟通方式来引导孩子使用时间饼图。合适的时机通常是孩子在学习上遇到困难的时候，合适的沟通方式则是表示接纳和展示同理心，跟孩子沟通困难所在并给予孩子需要的指导。

挑战2：孩子无法具体回忆起自己一整天做过的事情和时间占比

应对策略：刚开始使用时间饼图时，孩子无法回忆起某件事花费的具体时间是很正常的。这个时候，父母可以引导并鼓励孩子先大致回忆自己在相对完整的大段时间内做了什么，然

后再进一步细化时间饼图，让它更具体和精确。

父母可以鼓励孩子，并和孩子一起分析原因，解决问题。比如，父母可以说："爸爸妈妈第一次画时间饼图时也跟你一样，因为之前没有时间意识，很少关注自己完成一件事情用了多长时间。""我们可以有意识地从今天开始记录时间，当开始做某件事情的时候，在本子上记下起始时间，完成之后再记下结束时间。""我们可以借助计时工具来感知时间，提高对时间的估算能力，比如在做题的时候可以在书桌旁放一个计时器，看看做题花了多长时间。"

挑战3：在制作明日饼图时，与孩子意见不一致

应对策略：给予孩子一定的自主权。我们引导孩子制作明日饼图，不仅仅是为了让孩子提高学习效率和学习成绩，更是为了让孩子自己学会掌控时间，形成时间管理意识。

所以，父母即使觉得孩子的安排不合理，认为计划不一定能完成，也千万不要强迫孩子必须按照父母的意见去做。如果强迫孩子按照父母的建议制作明日饼图，那么孩子会对明日饼图没有认同感，自然也没有足够强的动力去执行，饼图就失去了价值与意义。

父母可以真诚地告诉孩子风险在哪里，给予建议，给予孩子信任和亲自试错的机会。在孩子受挫时（可能一两天不会成

功)给予鼓励，在孩子需要时（自己找不出更好的办法）伸出援手，在孩子成功时（凭借自己的努力制订并执行了合理的明日饼图计划）给予赞赏。只有这样，孩子才能获得真正的成长。

SMART目标法，让孩子动起来

在实施时间管理计划的时候，父母可能会发现孩子有动力不足、执行力不强、易受干扰等问题。设定有效目标可以帮助孩子坚持做好与目标有关的行为，远离与目标无关的行为，激发孩子的自主性，提高孩子的执行力。

我们经常会在课堂上跟孩子分享这样一个故事：山田本一是日本著名的马拉松运动员，他曾在1984年和1987年的国际马拉松比赛中，两次夺得世界冠军。每当记者问山田本一取得如此惊人成绩的秘诀时，他总是回答："凭智慧战胜对手！"

但大家都知道，马拉松比赛主要是运动员体力和耐力的较量，爆发力、速度和技巧甚至都是次要的。因此，许多人觉得山田本一的回答是在故弄玄虚。

最后，这个谜底在山田本一的自传中被揭开。他在自传中这样写道："每次比赛前，我都要乘车把比赛的路线仔细地看一遍，并把沿途比较醒目的标志画下来，比如第一个标志是银行，第二个标志是一棵古怪的大树，第三个标志是一栋高楼……就这样一直画到赛程的终点。

"比赛开始后，我就奋力向第一个目的地冲去，到达第一个目的地后，我又以第二个标志物为目标继续向前冲去。40多千米的赛程被我分解成几个小目标，跑起来就轻松多了。如果最开始我就把目的地定在终点线的旗帜上，那我可能跑到十几千米的时候就疲惫不堪了，因为我被前面那段遥远的路吓到了。"

这个故事告诉我们：目标分解很重要。过于遥远的目标带给我们的有可能不是动力，而是疲惫和压力。而将总目标细化和分解为一个个阶段性的小目标后，我们往往会更有动力。

我们和孩子一起"打磨"有效目标的时候，可以先看看这个目标是不是需要进行分解，比如将长期目标分解成中期目标、近期目标、年目标、月目标、周目标等等。最重要的是，孩子要感觉到自己正一步一步地接近目标或成功。

此外，我们还可以进一步根据SMART原则来帮助孩子把他们的目标"打磨"成具体的、可量化的、可实现的、相关性强的、有时限性的有效目标。

SMART原则是世界知名的目标管理法则，五个大写字母分别对应的是Specific、Measurable、Attainable、Relevant、Time-based五个单词的首字母，具体含义是"设定目标要遵循具体性、可衡量性、可实现性、相关性和时限性五大原则"

（见表3）。

表3 SMART原则

缩写	全称	含义
S	Specific	明确的、具体的
M	Measurable	可衡量的、可测量的
A	Attainable	可达到、可实现的
R	Relevant	相关的
T	Time-based	有时间期限的

具体性是指设定的学习目标是清晰明确的，可产生行为导向的。比如，"我要努力进步""我要成为一个优秀的中学生""我将来要做一个伟大的人"都是不够具体明确的目标，因为"努力""优秀"和"伟大"都是模糊不清的概念。而如果我们将这种目标调整成"这个学期班级排名前进"或"期末考试英语分数提高"，就具体明确多了。

可衡量性是指设定的学习目标是可测量的，有一定评定标准和明确数据标准的。比如，我们可以把上述目标再调整一下，变成可量化的："这个学期班级排名前进5名""期末考试英语分数达到90分以上"。

可实现性是指设定的目标必须是可达到、可实现的。这意味着目标需要在孩子的能力范围内，但同时也不能太简单，不能让孩子觉得没有挑战性。比如说，孩子平时在班里都是倒数，那么"期末考试考进班级前10名"这个目标就是没有可实现性的，没有可实现性的目标会让孩子压力巨大，更容易放弃。但是，如果把目标设定为"期末考试成绩排名前进5名"，其可实现性就会高一些。

相关性是指设定的目标必须和自己的生活、学习以及其他目标具有相关性。孩子设定的学习目标要与学期目标、未来升学计划、人生规划等具有相关性。

时限性是指设定的学习目标需要有一个明确的完成日期，比如"一个星期""一个月"或者"一个学期"等。

时间四象限法，让时间价值最大化

随着年级的升高，需要学习的科目越来越多。当孩子设定好目标，开始为每天的学习安排任务时，他们可能会发现需要安排的事情太多了，如果不进行排序或者选择，时间通常是不够用的，或者出现忙碌了一天却没顾上要事的情况。

在有限的时间内，应该怎么选择才能让时间的价值最大化呢？如何教会孩子判断什么是要事、什么是最有意义的事呢？我们可以利用**时间四象限法**教会孩子**按照重要性和紧急程度来排出事情的优先顺序**（见图21）。

根据时间四象限法，我们可以将事情分为"重要又紧急的""重要但不紧急的""紧急但不重要的""不紧急也不重要

图21 时间四象限法

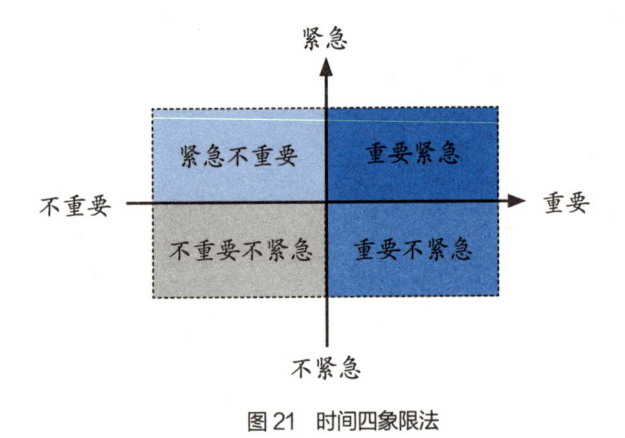

的"四类。

父母可以引导孩子在制订计划和安排学习任务的时候，先把要做的事情都在纸上罗列出来，然后根据近期的学习目标，将事情进行一个轻重缓急的分类。

对于年龄较小的孩子，父母可以尝试用游戏化的方式，将时间四象限画在纸上，然后将需要安排的事情写到卡片或字条上，分类后进行贴纸游戏。

比如，晚上放学回家后，孩子先罗列好晚上计划做的事情：

1. 写数学作业
2. 英语背诵和复习
3. 整理桌面
4. 看世界杯直播赛
5. 给朋友打电话聊天

6.做劳技课手工作业

如果有遗漏，父母可以及时提醒孩子增加事项，比如"写日记""阅读"等。

罗列好所有事情后，父母可以一项一项地和孩子一起讨论，并进行分类标记（见图22）。

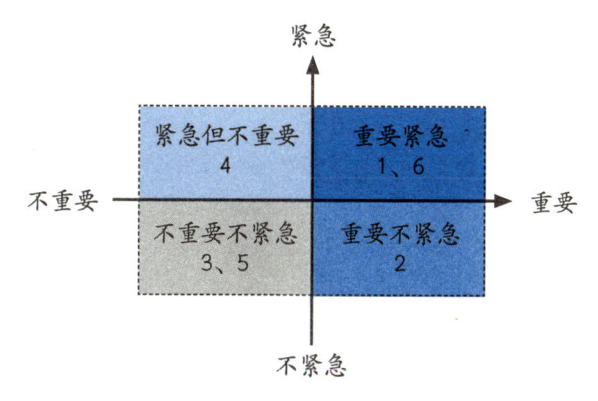

图22　时间四象限法应用示例

分类标记好后，就可以决定接下来如何行动了。先做紧急且重要的事情，避免事情越积越多，越拖越晚，最终导致遭受重大压力或承受不良后果。重要但不紧急的事情，需要有计划地分阶段来完成，多关注这一象限的事情，可以增强对时间的掌控感，避免更多事情演变成紧急且重要的事情。紧急但不重要的事情，尽可能地请别人帮忙做。不重要且不紧急的事情，可以尽量少做与不做，或者利用零碎时间、其他合理的时间做。

父母要培养孩子对事情轻重缓急的判断力，让孩子养成排序的习惯。如果孩子在行动之前安排好事情的先后顺序，先从最重要的事情开始做，那么行动的时候就会更加有目标感，达到事半功倍的效果。

番茄工作法

"番茄工作法"是非常知名且简单易行的时间管理工具，又被称为"番茄时钟法"或者"番茄时间管理法"。

当父母发现孩子无法专注地完成学习计划，学习过程中经常分心的时候，就可以尝试让孩子使用这一方法。

番茄工作法把25分钟的学习时间加5分钟的休息时间称为**一个番茄钟**。每完成一个25分钟，立刻停下休息5分钟；每完成4个番茄钟时间，就进行一次15~30分钟的较长时间的休息。

科学实验证明：人的专注力可以持续25分钟左右，在变得太累之前短暂休息一次，可以让精力快速恢复，重新投入到高效专注的学习中去。

对于年龄较小的孩子，考虑到他们的专注力尚在发育中，以及孩子需要花时间适应新方法，父母可以适当调整一个番茄钟的时长，比如先设置15分钟加5分钟为一个番茄钟，再慢慢增加时长。

当按照轻重缓急把学习任务排好序之后，父母可以和孩子一起预估一下每一项任务所需要的番茄钟个数（见表4）。

表4　番茄工作法应用示例

今日学习任务	预估需要的番茄钟个数	实际使用番茄钟个数
英语单词抄写2遍	○○	
古诗词背诵4篇	○○○○	
数学口算练习题2页	○○○	

在实际完成学习任务的过程中，如果某一个番茄钟时间内的任务被严重打断或干扰，我们就放弃这个番茄钟，处理好事情后再开启一个新的番茄钟。

通过将预估番茄钟个数与记录下来的实际使用的番茄钟个数进行对比，孩子的时间预估能力可以不断得到提高；通过反思干扰因素和思考解决对策，孩子使用番茄工作法的能力也会不断进步。

在实际操作过程中，父母可以根据孩子的实际情况选择由自己辅助计时和提醒休息，也可以选择使用电子计时器来计时和提醒。

时间这一资源具有不可替代、不可逆转、不可贮存的特性，是一种非常独特的资源，而它能否给我们带来"财富"完全取决于我们如何使用和管理它。如果父母能够帮助孩子养成良好的时间管理能力，那么就能帮助孩子利用好其拥有的最重要的时间资源。

第12章
高效听课:学会抓重点才是关键

小学时成绩不错,但是升入初中后成绩下降明显的小赫问我:"明明每节课都尽力听讲了,可为什么考试成绩总是不理想?是不是我比别人笨呢?"其实这种问题的最大原因在于不会听课。

一起来测一测听课效率吧,请根据实际情况回答下列问题。

小 测 试

序号	听课水平自测	从不这样	偶尔这样	有时这样	经常这样	总是这样
1	我会提前预习上课的内容	1	2	3	4	5
2	我会根据自己的实际情况设置听课目标	1	2	3	4	5

（续表）

序号	听课水平自测	从不这样	偶尔这样	有时这样	经常这样	总是这样
3	我能一边听老师讲课，一边将重点记到笔记本上	1	2	3	4	5
4	我总是能够很愉快地听老师讲课	1	2	3	4	5
5	我在听课时会感到充实、快乐	1	2	3	4	5
6	我会积极配合老师完成课堂活动，如小组讨论、课堂提问等	1	2	3	4	5
7	我会特别注意老师在课堂上强调的重点和难点	1	2	3	4	5
8	上课时，我始终跟着老师讲课的思路走	1	2	3	4	5
9	上课时，我会思考自己的思维方式和特点	1	2	3	4	5
10	我会有意识地总结有效的听课方法，反思自己在听课时存在的缺陷与不足	1	2	3	4	5
11	一堂课结束后，我会总结并归纳本节课所学的主要内容和知识	1	2	3	4	5

注：本问卷改编自上海师范大学于雯的《中学生听课策略问卷》。

计分方法：

每道题按照所选选项对应的分值计算得分，问卷得分是所有11道题目的得分之和。

得分越高，说明孩子越会听课。如果孩子得分在33分以下，那么父母就需要考虑帮助孩子提高一下听课水平了。

和孩子一起回顾一天的学习历程，计算一天下来孩子花在课堂上的时间有多少，占总学习时间的百分比是多少。经过计算你会发现，课堂是当之无愧的学习"主场"。孩子在"主场"中可以获得多少成长，更多取决于孩子是如何听课的。会听课的孩子掌握着各种听课策略并在课堂上积极使用，以此来提高听课效率。

听课前的热身操

关于听课前需要做哪些准备，父母一定要结合孩子的实际情况来指导，以免出现加重孩子学习负担等适得其反的效果。每个孩子在听课这一环节所遇到的问题不一，而课前热身操的内容需要根据孩子可能遇到的实际问题来制定和操练。

对于那些经常找不到学习用具和学习材料的孩子，父母需要帮助其**提高物品管理能力**，让其在课前有一个准备齐全的物理环境。

对于那些在课堂上经常打瞌睡的孩子，父母需要教给他们**缓解疲劳和管理精力的方法**，让他们以一种精神焕发的状态开始听讲。

对于那些容易有情绪波动的孩子，父母需要帮助其**学会主动调节情绪**，以保持情绪稳定。

在学校从事心理辅导工作的过程中，我经常碰到因与父母、老师或同学有冲突而情绪不稳,导致听课心不在焉的孩子;还有因课间休息时间玩得太开心而迟迟进入不了听课状态的孩子。

但是,孩子即便做好了学具、身体、精力、情绪等各方面的准备,仍然可能遇到一些其他挑战。比如,前文案例中的小赫同学,经过共同讨论与分析,我发现小赫更需要的,是听课目标管理和思维加工方面的指导。小赫虽然每节课都认真听讲,但是在听课的过程中并没有一个明确具体的听课目标,也区分不出老师讲课的重点、难点。这种缺乏主动加工意识的听课状态,其效果往往就是听完就忘。

想要高效听课,笔者的建议是**做好课堂知识的预习**。为什么课前一定要预习?为什么有的同学听课前从不预习,仍然可以学得很好?提前预习的话,难道不会降低知识的新鲜度,降低孩子上课的好奇心、注意力和积极性吗?

从科学的角度来说,预习是符合记忆规律的,也是很有必要的。要想把课堂知识记得更加牢固,理解得更加深刻,就需要经过一个多次重复的过程。反复接触与加工这些知识,大脑中与之相关的神经细胞与神经连接会被反复激活,对这部分知识的记忆也就越牢固。当需要回忆和提取这些知识的时候,就会更容易。

为什么有的同学听课前从不预习,仍然可以学得很好?原因可能有很多，比如这位同学的基础知识掌握得十分扎实，课堂知识加工速度非常快，能对老师现场讲授的知识进行专注且高强度的思考，可以迅速给出反应；又或者这门课程的难度对于这位同学来说本就不高，甚至是其十分擅长的科目；又或者教授这门课程的教师讲课风格细致，语速不快，喜欢把知识点掰开揉碎了反复讲，给孩子留足了自我总结与思考的时间。

那如果开始预习，会让一位从不预习的同学觉得下节课的知识太容易，甚至太无聊吗？

我曾经就这个问题采访过一位成绩特别优异的学生，他在学习中一直坚持着课前必预习的原则，甚至把提前学习（也就是我们所说的预习）作为自己研究性学习的课题。他说："在预习之后，我会把听课目标定为对比老师理解和加工知识点的方式与预习时自己理解和加工知识点的方式的区别；或者提前设想如果我是老师，我会如何来讲这节课，然后关注在真实的课堂中老师是如何讲的，分析我和老师的思维之间有着什么样的区别。所以，我从来不会觉得课堂过于简单或者无聊。"

所以，预习也是要"科学"使用的。

"混个脸熟"预习法（适合小学阶段的孩子），可以让孩子与要学的知识提前打个"照面"，"刷刷好感度"。周末写完作业后，父母可以与孩子一起，提前看看重点科目下一周的新知识；每天写完作业后，可以尝试让孩子与第二天老师要讲的科目知识建立"脸熟关系";上课前的几分钟,孩子可以快速浏览老师马上要讲的章节内容。

如果是语文学科,父母可以让孩子通读课文,查阅作者生平,标注生字生词,了解文章主要内容,分析文章结构。

如果是英语学科,父母可以让孩子熟读单词、词组,结合例句对语法注释进行理解并尝试翻译课文。

如果是数学学科,父母可以让孩子去了解本节课要讲的主要内容是什么,尝试理解概念、定理,试做例题。

"题目试做"预习法,指在预习新知识的时候,先尝试去做例题或者练习册题目,看看自己的思路会卡在哪里,再回头去看本章节的新知识点。

这种方法比较适合理科科目的学习,因为学习定理、公式、计算方法等知识最终都是为了更好地解题,所以孩子可以先从题目入手,增加对新知识的好奇与渴望,了解新知识到底如何帮助自己解决问题。

例题与练习册题目中应用到的知识点也往往是章节内容中的重点,解题的思路也往往是老师讲解的重点。孩子可以针对提前试做时所遇到的问题在课堂上有重点地听老师讲解,从而更好地掌握应用新知识的方法。

"题目试做"预习法的精髓就是在"实战"中发现问题,再带着问题去学习。

"符号笔记"预习法(适合初中及以上的孩子),指在预习的过程中用符号将重难点进行标记。具体来说,就是孩子在预习教材的时候,用不同的符号标记存疑的地方、不太好理解的地方以及本节课的重点内容。

值得注意的是,在使用"符号笔记"预习法时,不要标记得密密麻麻,要留出一定的空间,以便听课时补充老师拓展的新知识或重点强调的内容等。

听课中的必备目标

在课堂上,老师会根据理论知识和多年来的教学经验,将精心准备的内容按照学生能够听懂、可以接受的方式讲授给学生并进行互动和沟通,这能让学生快速找到知识的重难点。与此同时,课堂上同学之间的探讨交流以及思想上的碰撞,也都是非常好的学习助力。

父母如何帮助孩子找到进一步提高听课效率的好办法呢?笔者给出的答案是**设置听课目标**——会听课的孩子都会为自己设置一个明确且具体的听课目标。我曾经在年级中做过听课水平的问卷调查,结果显示年级排名越靠前的孩子,目标管理策略维度上的得分也越高。这也从一定程度上反映出,**学习成绩越好的孩子,越会为自己设置听课目标**。那么,应该设置什么样的听课目标呢?

首先是听要点。通常来说,一节课的要点就是老师在备课时准备的讲课大纲。有的老师会在讲课的时候直接告诉大家哪里是要点,或者将要点分条板书在黑板上。这时候,懂得听要点的孩子就会打起十二分的精神去听老师在讲这部分时是怎么表达、怎么描述、怎么理解以及怎么应用的,并把它们记录在笔记本上,甚至再补充上自己对这部分知识的心得体会。

但是有的老师并不会直接告诉学生要点在哪里,那么在听课过程中,学生就要关注老师语调或语速的变化,看看老师重复解释或说明了哪些知识点,针对哪些内容广泛举例加以重点论述,对于老师强调的"历年考题中出现过的知识点"更是要加以重视。

通常,老师也会在授课结束时总结这节课的重点内容。

其次是听思路。比如数学老师解题时,听思路的孩子会特别注意老师解题时最先从什么地方下手、用了什么方法、老师选择这个方法的理由,接下来老师是怎么应用这个方法的,经过哪些过程最后才得出正确结果。

有的孩子不仅可以做到跟着老师的思路走,还可以走在老师的思路前面,用自己的思路与老师的思路进行对比,发现差异,从而优化自己的解题思路。设置这种听课目标的孩子通常有着良好的课前预习的习惯,提前预习有的时候会降低孩子对新课的新鲜感和好奇度，但是设置一个更合理和更高的听课目标，可以避免这一情况的发生。

最后是听问题。这些问题通常是孩子在预习时标注的不懂的内容，听课时可以重点关注老师针对此部分内容是如何讲解的，是怎么解决这些问题的。孩子还可以把预习时发现的问题列成清单，在后续听课时听懂一个划掉一个，在这个过程中他们会十分有成就感，然后动力十足地去听下一个问题。

如果孩子目前是没有任何听课目标的状态，父母可以尝试先让孩子从比较简单的"听要点"开始，能熟练使用听要点的方法并找到成就感之后，再逐渐过渡上升到"听思路"和"听问题"。

听课的时候，要把眼睛、耳朵、嘴巴、手和大脑五个器官都充分调动起来。

调动眼睛，是指看课本，看老师的表情，看板书，看优秀同学的反应；调动耳朵，是指听老师讲课，听同学发言（包括提问），做到不漏听、不错听；调动嘴巴，是指复述，朗读，回答问题，积极发言；调动手，是指做笔记，画重点，写感想，做练习；调动大脑，是指对知识保持热情和好奇心，积极思考，集中注意力，进行联系想象，对比差异，归纳总结，发散拓展。

高效学习的笔记法

认知心理学告诉我们,记笔记的过程是一个感知转化为联想、分析、综合,再转化为文字表达的比较复杂的过程。

记笔记有助于更好地消化、吸收、巩固课堂知识,有助于更加专注地听课,减少走神,更好地明确知识重点,还有助于组织学习材料,建立材料间的内在联系,促进新知识与头脑中已有知识建立联系,实现学习的迁移。

在这里,笔者推荐一个超好用的笔记法——康奈尔笔记法——让孩子既能迅速提炼课堂重点,又能不错过老师精彩的讲授。

康奈尔笔记法是一套结构性、系统性比较强的笔记方法(见表5、表6)。

它的结构性体现在清晰的笔记分区:**关键词栏**、**笔记栏**、**总结栏**。

表5 康奈尔笔记法

关键词栏 (课后以关键词或关键短语的形式提炼核心知识点)	笔记栏 (上课听讲时实时记录老师讲课内容,参照板书记下新知识点和案例等)
总结栏 (写下听课随感,复习时遇到的困难、问题或者其他有利于升华知识点的内容)	

它的系统性体现在连贯的使用步骤。

表6 康奈尔笔记法的连贯性

步骤名称	含义
记录	上课听讲时,在笔记栏中实时记录老师讲课的内容,如参照板书记下新知识点和案例
简化	课后尽快抽出10~15分钟,复习上课时在笔记栏记录的笔记内容,将核心的知识点提炼出来,以关键词或关键短语的形式写入关键词栏
背诵、记忆	在当天上课结束前,再次抽出10~15分钟,拿出笔记本,用手遮住笔记栏,只看关键词栏中的关键摘要,然后尽可能完整地复述并记忆课堂内容
思考、回顾	把听课随感和上一步复习笔记时遇到的困难和问题写到总结栏。比如,这些知识和观点的意义是什么?它们的依据是什么?我们怎么把它们关联和应用到已知的事情当中?
复习	在听课后的几天,根据自己的实际情况,进行n次、每次10~15分钟的笔记复习

康奈尔笔记法的好处在于,它的应用涵盖了从课堂记录到课后复习的全过程,并且笔记每个部分的操作都促进了孩子对课堂知识的理解和反思。

笔记栏主要记录的是从课堂上老师讲的内容中筛选出来的新知识点,这个部分不用多么详细,主要是辅助完成对新知识的初步理解,同时可以很好地防止走神,提高听课效率。

关键词栏主要是课下对着课本和笔记栏,从老师所讲的新知识点中提炼出关键词或者核心内容,这个部分可以辅助完成对新知识的二次加工。提炼关键词需要对知识进行分析、归类和总结，这无疑是一个促进知识内化、增强记忆的过程。

这种方法背后的原理其实就是"反复回忆一件事可以增强记忆"。今天的心理学家们通过研究证实，回忆检索可以帮助我们把知识学得更扎实，其效果远远好于重复诵读。重复的回忆检索能把知识和技能深深地嵌到头脑中，使其成为条件反射，不需要刻意思考就可以做出反应。

总结栏是对课堂笔记的总结，能促进对这部分知识更深层次的理解。孩子可以在总结栏里记下这些内容：老师这节课所讲的知识和观点对自己有什么意义？它们与之前的知识可以产生哪些连接？我可以如何应用它们？接下来我还需要解决什么问题？思考和总结完这些问题，孩子就已经对这些新知识进行了深度学习，完成了从知识输入到知识输出的过程。

哈佛大学教授、物理学家埃里克·马祖尔曾在一次演讲中说道："只是坐在那里听老师讲课，大脑的活跃程度和睡觉时一样。"所以，有的时候孩子并不是不聪明，只是他不知道如何将自己的聪明才智运用到课堂中去，了解和掌握听课前的热身操和听课中的必备目标对于孩子来说都是非常重要的。

第13章
找对学习方法，学习才能一剑封喉

小易是一个学习很努力、很勤奋的孩子，上初中时，她每天晚上都会学习到10:30，平均比班里同学要多学1个小时左右；在学校，她也会利用好课间的每一分每一秒来学习。小易的勤奋和努力让自己在初中三年一直保持在班级的前五名。可是这样努力且勤奋的小易，上了高中后却总考不出理想的成绩。

经过仔细沟通与分析后，我发现主要原因是小易还没有掌握科学的学习方法。初中的时候，小易更多是在老师的带领下学习，自主学习或者课下学习的时候更多是通过延长学习时间来提高学习效果，其实她的学习效率并不高。而上了高中后，知识量增大，学科增多，平均可以分配到每科的学习时间变短，各种因素导致小易没办法再像以前那样依赖老师和时间累加来提高成绩了。

你家孩子对学习方法的认知和掌握情况如何？不妨来问一问，测一测吧。

小测试

序号	学习动机自测	选项		
1	你觉得学习方法很重要吗？	A. 是	B. 一般	C. 否
2	你在学习生活中关注学习方法吗？	A. 是	B. 一般	C. 否
3	你是否已经掌握了一些学习方法？	A. 是	B. 不确定	C. 否
4	你觉得你现在所用的学习方法科学吗？	A. 是	B. 不确定	C. 否
5	你现在用的学习方法来自哪里？	A. 自己总结的	B. 老师讲授的	C. 习惯形成的
6	你总是能根据学习内容的不同，选择适合的学习方法吗？	A. 是	B. 不确定	C. 否
7	你接受过学习方法方面的指导吗？	A. 有过	B. 不清楚	C. 没有

通过孩子的选择，我们可以初步了解孩子现在的状况。然后，我们也可以根据孩子的选择做适当的追问，比如：你为什么觉得学习方法重要呀？你为什么觉得现在使用的学习方法是科学的？你希望爸爸妈妈以什么样的方式帮助或指导你？是购买书籍与课程，是查找资料，还是分享经验？请各位家长了解一下孩子能接受的方式是怎样的。

对于孩子来说，什么是最好的学习方法？我认为"最好的学习方法"必须符合以下两个条件：一是要**符合孩子的认知发展和学习规律并有脑科学依据**；二是要**适合孩子的学习特点，与孩子当前的学习环境、生活习惯以及性格特征相匹配**。

如果有专家说凌晨3点学习效果最好，我们会坚持这样做吗？当然不会。所以我们要为孩子找到匹配的学习方法。下面，笔者将会介绍几种实用、高效的学习方法供大家选择。

费曼学习法

费曼学习法是享誉全球的诺贝尔奖得主、天才物理学家、量子电动力学的创始人之一理查德·费曼独创的一套学习方法，它包括四个核心步骤。

第一步：选择一个你想要学习的概念。

第二步：设想面对一个没学过这个概念的人，你应该怎样向他解释这个概念，才能够让对方完全听懂。

第三步：如果你无法解释清楚，那便重新把这个概念研究一遍，直到可以流利地解释这个概念。

第四步：继续升华，用更简洁的语言和类比等技巧来完美阐释概念。

费曼认为，输出不仅仅是学习的最佳方式，**也是学习的终极目的**。当我们学习一种新知识时，用最直白的语言去阐述它，大脑就会从记忆库中提取那些熟悉的信息，在旧的知识和新的概念中产生强大的关联，新的知识便容易得到大脑彻底的理解。

最重要的是，你要反复地进行这一过程，使大脑多进行创造性的联想，我们对新知识的吸收和应用的能力才会变得更强。这实际上就是完成了一个用输出倒逼输入的过程。

美国国家训练实验室的研究证实，采用不同的学习方式，学习者的学习效率是完全不同的。如果是"老师在上面说，学生在下面听"的学习方式学到的内容，两周以后学生知识的留存率只有5%左右；通过"阅读"的学习方式学到的内容，知识的留存率是10%左右；通过"视听结合"的学习方式学到的内容，知识的留存率是20%左右；通过"他人示范、演示"的学习方式学到的内容，知识的留存率是30%左右；通过"小组讨论"的学习方式学到的内容，知识的留存率是50%左右；通过"实践练习"的学习方式学到的内容，知识的留存率是75%左右；通过"教授别人"的学习方式学到的内容，知识的留存率是90%左右。其中知识留存率最高的学习方式与费曼学习法的核心技巧"**以教代学**"不谋而合（见图23）。

父母可以敦促孩子在学习中灵活运用费曼学习法。比如，在晚上写完作业要进行复习的时候，父母可以尝试引导孩子用这样的方式进行复习：孩子扮演老师的角色，将今天要复习的

学习金字塔

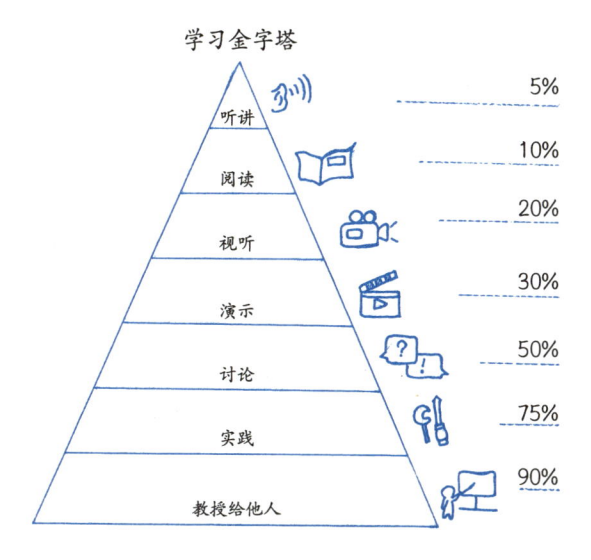

学习方式	知识留存率
听讲	5%
阅读	10%
视听	20%
演示	30%
讨论	50%
实践	75%
教授给他人	90%

图 23　学习方式和知识留存率

知识讲给父母听，并尽可能教会父母。

在与孩子进行"以教代学""角色扮演""面对面"学习的过程中，父母要特别注意以下几个方面：

1.给予孩子一定的准备时间，以及像尊重老师一样尊重孩子。

2.允许孩子犯错。在听孩子讲授的过程中，非必要不立刻指出其讲课内容存在的问题。

3.抱着"好奇"的态度倾听。

4.鼓励孩子复盘、重新回顾与讲解。

过电影学习法

过电影学习法是通过回忆来重放某一堂课或者某一天的学习过程和学习内容。电影的内容可以是老师板书了什么，重点讲解了哪个部分，课堂上进行了哪些提问，同学们是如何回答的，以及自己做对了几道题，思路是怎样的，老师总结的这堂课的知识要点都有哪些等等。

过电影学习法是一种比较灵活、有趣且高效的复习方法。

它的**灵活性**体现在时间和空间上。孩子可以趁课间在走廊上或者座位上，把上一节课的学习过程与内容像放电影一样过一遍；可以趁午休在操场上或者林荫路上，把上午半天的学习过程与内容过一遍；也可以在晚上睡觉前把一天的学习过程与内容过一遍；还可以早上坐车时把前一天的学习过程与内容过一遍。

它的**趣味性**体现在回忆方式上。在脑海中回放课堂上的情景与画面，比单纯坐在书桌前看课本或笔记复习更能激发孩子的兴趣。

它的**高效性**体现在"过电影"的过程中。这是一个思考和记忆的过程，孩子需要主动且尽可能全面地思考、回忆、搜寻知识内容，当遇到回忆不起来的地方，可以打开课本或笔记去寻找相关线索，尝试继续回忆。这种通过努力回忆检索出来的知识会更牢固地被孩子记住和掌握。而且，这种方式还可以帮助孩子发现自己掌握知识的薄弱环节：那些无法回忆以及复述出来的内容，就是自己还未完全掌握的部分，那么在之后的复习环节就要翻开课本或笔记重点复习。

在孩子最开始练习使用这个方法的时候，父母可以在一旁进行引导性的提问。

1.今天语文课上讲的是什么？老师是如何导入的？板书都写了什么内容？老师强调的重要的知识点有哪些？老师最后是如何总结的？

2.数学课讲的是什么？老师讲了什么主题？老师举了什么例子？老师还提了哪些问题？你或者同学都是怎么回答的？课上还发生了什么事情？

当孩子已经基本掌握这个方法后，父母可以引导孩子尝试午休时对上午每节课的内容进行生动形象、图像式细节化的"回放"，在晚上睡觉前将一整天每节课的关键内容过一遍，在第二天早上概括总结式地再过一遍。

三明治学习法

三明治学习法是指利用课前和课后的1分钟进行复习，把课堂学习变成"三明治"的一种学习方法。

很多孩子会忽视课前的1分钟，但是，如果能充分利用这1分钟，那么接下来的课堂效率会得到大大提高。

在上课前1分钟，打开笔记把上一节课老师所讲的问题进行一个快速复习，可以采用前述"过电影"的方式，重新回顾上节课老师讲的内容，想不起来就看看课本或者笔记，也可以采用自问自答的复习方式，看着笔记上的关键词对自己提问：这个地方老师上节课是怎么讲的？这道题该怎么解答？

等上节课的内容重新进入大脑后，再听老师讲新课，可以更快地进入高效学习的状态。而且，老师通常也会结合上次课的内容来进行新知识的讲授。所以，课前的1分钟复习还可以让学习更有连贯性，让新知识吸收得更好、更牢固。

下课后，立刻再利用1分钟的时间复习本节课的内容，同样可以采用"过电影"或"自问自答"法，尽量做到"**当堂课当堂毕**"，不留任何知识漏洞。

父母在引导孩子使用"三明治学习法"的时候，可以通过比喻来引起孩子的兴趣，帮助他们认识到课堂前后1分钟的重要性："三明治的两片面包很重要，它能凸显三明治夹心的美味与多汁，同时也起到了很重要的固定夹心的作用。"

重视错题本的使用

错题本学习法一直都是一线老师和优秀同学们强烈推荐的方法,被誉为学习的"制胜法宝",但是,如何才能让自己的孩子学会使用这一方法,也是一门"学问"。

朋友的孩子6岁时顺利进入了一所不错的小学,本来朋友很是开心,但是没过多久就打电话找我哭诉,说自己遇到了人生中的"大难题"。原来,孩子的数学老师为了让班里同学养成好习惯,布置家庭作业时,要求孩子把数学卷子上每一道错题的做错原因详细写出来。

朋友的孩子哭着说:"妈妈,这比让我再做一张卷子还难呀!"

朋友本来还觉得孩子矫情,结果她跟孩子一起看完卷子,也崩溃了,因为孩子只会回答"妈妈,这道题我粗心,我马虎了""妈妈,我不记得当时为什么这么做了"……

如何帮助孩子对自己的做题过程进行监控呢?对于低年级的孩子来说,父母要带孩子认识和了解解题时要经过的认知过程,并对这些认知过程进行命名,为孩子提供常见的错题原因选项,让孩子进行选择。

1.找不出解题思路或者没有掌握解题技巧,弄不清条件和问题之间的关系。

2.审题不仔细,遗漏了题目的要点或细节,没觉察出题中隐藏的条件。

3.审题出错,题目归类错误,理解错题目问的问题。

4.做题时走神,解题思路出现偏差(没记住题意导致思维偏差或不完整),导致答案出错。

5.做题时紧张、焦虑,心态不稳,原本会做的解不出来。

6.解题思路没问题,过程中写错符号或少写符号,导致答案出错;正确答案已经解出,但是写答案时笔误,写错了。

当孩子反思出或者选出了错题原因之后,接下来更重要的就是指导孩子进行对策反思与学习调整。**如果错因是1~3,是因为知识点掌握得不够扎实**,比如没有理解公式定理,没有记牢知识点,或者没有学透知识点,无法触类旁通。

针对这些原因,孩子需要重新学习这部分知识点,翻开课本,打开笔记,找到对应知识点进行复习。如果无法自己弄懂,可以找同学或老师帮忙。

如果错因是4,父母需要指导孩子掌握一些专注做题、防止走神的技巧,比如用手指读法、自我对话法。用手指读法是指在审题的过程中,用手指着题目中的字来读题;自我对话法是指在做题的过程中心中念念有词,比如"认真审题,不要走神",如果发现自己走神了,要立刻在心中默念:"做题要专注,赶快把注意力拉回来,看看有没有遗漏了什么。"

如果错因是5，父母则要帮助孩子调整心态，消除孩子对学习的负面看法，引导孩子的积极情绪。比如对孩子说："每次考试都是对前一阶段学习的总结，目的是找出不足，查漏补缺，更好地提升自己，不需要太担心。"或者说："错题是宝藏，现在发现问题了，大考中就不会再出错了。"

如果错因是6，父母则要引导孩子对自己的解题步骤、填涂的答案进行耐心的检查与校对。比如对孩子说："读完题目找出解题思路后，接下来就要耐心、认真地写对答对，不漏掉任何细节和符号，把答案写到对应位置上后，要迅速地再检查一遍。"

错题学习法还有很多灵活的变形，比如"试卷错题本"，即把做过的卷子订到一起，然后在每张卷子上标注好错题题号，直接在卷子上进行错因分析与答案订正。如果某些错题题干太长，也可以直接将其剪下来贴到错题本上，再进行订正与分析。为了提升错题对复习或者查漏补缺的指导性，还可以使用活页纸错题本进行章节归类，把对应同一章节知识点的错题总结到一起。

为了方便家长和孩子使用这一方法，笔者提供了一个错题本格式以供参考（见表7）。

表7 错题本格式范例

日期： 对应章节： 原因分析： 没思路 遗漏 理解错误 走神 情绪 笔误 其他原因：	题目
重要知识点或反思：	正解

未来是一个快速发展的时代，我们的孩子必须能够终身学习才能适应不断发展的社会需求。学习方法对于我们的孩子来说是无尽的财富，熟练掌握科学学习方法能培养孩子快速、高效学习的技能，帮助其成长为终身发展的学习型人才。

后记
父母的托举，成就孩子非凡学习力

几年前有个很火的演讲"寒门再难出贵子"引发了人们的热议，大家都说这是因为不同阶层的父母视野不同，掌握的信息差异让寒门子弟难以出头。

其中确实存在少部分人因信息掌握得更全面，而有了选择小众赛道的优势。但绝大多数的孩子还是要通过中考、高考的选拔。作为一名深入陪伴孩子十多年的中学心理教师，在高考的赛道上，我看到的情况是：仍然有很多来自贫困家庭的孩子表现抢眼，最终考入理想的大学；而很多中产家庭，甚至大学教授的孩子，学习成绩不尽如人意。

我常常思索其中的原因，也通过亲身陪伴学生，深入了解这些家庭中父母对孩子的期望和支持，最终得出结论：每一个优秀的孩子背后，都是父母默默的托举，父母情感上的支持和行动上的帮助才是关键!

我曾教过一个学生,家徒四壁,父母要做好几份工作才能供他读书。虽然父母在经济上很难支持孩子,但他们对孩子的殷殷期望,以及无条件的在情感上的支持,让孩子充满动力,最终考上北京大学,后来还去了香港大学深造。

我教过的另一个学生,拿到了全国数学和信息学竞赛的双料金牌,后来考去了麻省理工学院。在我的印象中,这个孩子们眼中的"学神"很聪明,但他的智商也非远超他人,只是他的妈妈给予他的陪伴、支持、指导和规划,都曾让我印象深刻。

有的孩子来自高知家庭,也很聪明,但小时候父母没有帮助他们养成好的学习习惯和学习能力,长大后面对学业困难时,父母也只会一味地指责,不知该如何帮助、指导孩子,导致孩子或叛逆,或消沉,或沉迷网络,最终放弃了学业。

在我多年的教育经验中,我还没有发现哪个孩子是不渴望成功、不希望成为好学生的。其实,每个孩子都走在通往成功的路上,只是被泥泞、坑洼、沼泽等阻碍了前行。他们的认知水平和生活经验有限,不知道该如何应对这些困难,在一遍一遍努力仍然无法向前之际,一些孩子失望至极,从此消沉失去斗志,甚至最后干脆放弃自己的人生。

毫无疑问,父母是孩子最坚强的后盾,也是孩子最信任、最依赖的人。如果在学习没有方法,踟蹰不前的时候,父母能够给予安慰,接纳他们的失落,鼓励他们振作起来,帮助他们找寻从困难中走出来的方法,那么他们就更有勇气面对困难,更有力量解决问题。

可惜的是,很多父母在孩子遇到困难时,首先想到的不是如何帮助孩子,而是焦虑于未来可能发生的"灭顶之灾",尽管这种灾难发生的可能性微乎其微。这样的父母,内心比孩子还要脆弱,他们的害怕、愤怒、忧虑甚至恐慌等负面情绪影响和包裹着孩子,让孩子更加认为自己无法战胜困难,最后草草放弃。

所幸的是,有些父母会在短暂的忧虑后平静下来,向身边有经验的朋友或家庭教育的相关书籍、音视频课程寻求帮助。可惜的是,很多父母会发现自己道理懂了一大堆,可真的在孩子身上实践时,却不得要领,常常陷入自我怀疑的误区。

在知道和做到之间,的确有一道鸿沟,似乎不可逾越——父母需要更具体、更实际的指导方法。因为在养育的实践过程中,需要的绝不仅仅是全面的家庭教育理论,还要有更具体的操作步骤、更具体的操作演示和注意事项。

希望本书中的方法,可以让父母从孩子学习问题的表象中跳出来,找到学习问题的根源——如何提升学习力。在孩子遇到困难不知所措时,也希望本书能够帮助父母找到最适合自己孩子的积极应对的方法。所有的困难,不过是人生中暂时的迷茫。

愿你的托举,成就孩子的非凡学习力!